조지의
우주를 여는
비밀 열쇠 ②

BOOK 1: GEORGE'S SECRET KEY TO THE UNIVERSE
by Lucy and Stephen Hawking
Illustrations by Garry Parsons
Copyright © Lucy Hawking 2007
Illustrations/Diagrams copyright © Random House Children's Books, 2007
(Diagrams by Dynamo Design)

Published by arrangement with Random House Children's Books, one part of the Random House Group Ltd.
All rights reserved.

Korean translation copyright © 2008 by RH Korea Co., Ltd.
Korean translation rights arranged with Random House Children's Books
through EYA (Eric Yang Agency).

이 책의 한국어판 저작권은 EYA(Eric Yang Agency)를 통해
RANDOM HOUSE CHILDREN'S BOOKS사와 독점 계약한 ㈜알에이치코리아에 있습니다.

저작권법에 의하여 한국 내에서 보호를 받는 저작물이므로 무단전재와 복제를 금합니다.

스티븐 호킹의 우주 과학 동화

조지의 우주를 여는 비밀 열쇠 ❷

루시 & 스티븐 호킹 지음 · 김혜원 옮김

주니어 RHK

 ## 등장인물 소개

조지 그린비 호기심 많고 영리한 소년. 생태 환경 운동가인 부모님 덕분에 TV도 컴퓨터도 없는 집에서 산다. 조지의 소원은 자기 컴퓨터를 갖는 것. 일주일에 50센트씩 돈을 모으고 있다. 어느 날 조지의 애완돼지 프레디가 울타리를 뚫고 도망치는 바람에 괴상한 이웃 에릭과 그의 딸 애니, 그리고 슈퍼컴퓨터 코스모스를 만나게 되고, 그들과의 모험을 통해 점점 과학의 중요성을 깨닫는다.

테렌스와 데이지 조지의 아빠와 엄마. 죽어 가는 지구를 살리기 위해 일회용품은 물론 자동차도 타지 않는 열혈 생태 환경 운동가. 조지에게 안전하고 건강한 환경을 만들어 주기 위해 모든 옷을 손으로 빨고 모든 음료와 음식을 직접 재배한 농작물로 만들어 먹는다. 과학 기술이 생태 환경을 파괴하는 원인이라 생각하고 컴퓨터를 비롯한 모든 현대적 발명품들과 과학을 거부하지만 조지의 과학 발표를 듣고 편견을 버리게 된다.

프레디 조지의 핑크빛 새끼 돼지.

유기농 농장

애니 발레를 사랑하는 조지의 옆집 소녀. 아무렇지도 않게 거짓말을 꾸며 대기도 하지만 왠지 미워할 수 없는 귀여운 소녀다. 코스모스를 설득해 조지에게 처음으로 우주여행을 시켜 준다. 위험에 처한 조지를 재치 있는 순발력으로 구해 주기도 한다.

에릭 애니의 아빠. 슈퍼컴퓨터 코스모스를 만든 천재 과학자지만 남을 의심하지 않는 착한 성품 때문에 함정에 빠진다. 과학에 대한 열정과 학식이 대단

하며 그 때문에 과학 이외의 것들에는 무신경한 경향이 있다. 엉뚱하고 단순하다.

수잔 애니의 엄마. 다른 지역 학교에서 음악을 가르친다. 에릭과 애니와 떨어져 살고 있지만 걱정하고 사랑하는 마음은 각별하다. 조지와 애니의 말을 듣고 위험에 빠진 에릭을 구하러 간다.

코스모스 우주의 문을 열어 주는 세상에서 가장 뛰어난 컴퓨터. 잘난 척하기를 좋아하고, 자신의 위대함을 너무 많이 강조하여 주위 사람들을 짜증나게 할 때도 있지만, 과학 탐구단의 명예를 걸고 위험한 순간에 정의와 의리를 지킨다. 심심하면 콧노래를 흥얼거린다.

그레이엄 리퍼 비밀을 간직한 인물. 조지가 다니는 학교의 과학 선생님으로 별명은 그리퍼다. 두 손은 불에 댄 화상 자국으로 뒤덮여 있고, 음모를 꾸미는 듯한 음흉한 눈빛으로 늘 아이들을 감시한다. 조지와 에릭, 코스모스의 관계를 알고부터 링고 패거리를 이용해 코스모스를 훔칠 계획을 세운다. 아주 오래전 에릭, 코스모스와 얽힌 무시무시한 사연을 갖고 있다.

링고 본명은 리처드 브라이트. 조지와 같은 반이며 학급의 약한 아이들을 괴롭히는 등 온갖 나쁜 짓만 하고 다니는 소문난 말썽꾼. 조지 때문에 리퍼 선생님에게 벌을 받았다며 자신의 패거리(위펫, 지트, 탱크)와 함께 조지를 괴롭힌다. 핼러윈에 장난을 치러 리퍼의 집에 갔다가 그의 음흉한 계획에 동참하게 된다.

차례

등장인물 소개 ··· 4

17장 ··· 11
18장 ··· 19
19장 ··· 34
20장 ··· 46
21장 ··· 63
22장 ··· 73
23장 ··· 81
24장 ··· 88

25장 ··· 98
26장 ··· 111
27장 ··· 120
28장 ··· 137
29장 ··· 151
30장 ··· 164
31장 ··· 173
32장 ··· 183

옮긴이의 글 ··· 197

나의 사랑하는 손자
윌리엄과 조지에게,
사랑을 담아

17장

"안녕, 애들아."

리퍼가 핼러윈 복장을 입고 가면을 움켜쥔 채 서 있는 소년들을 쳐다보며 반갑게 인사했다.

"너희의 재미난 핼러윈 놀이에 이 가 없고 늙은 선생님을 끼워 줄 생각을 하다니, 이렇게 기특할 데가 또 있나."

"하지만 저흰 알고 그런 게 아닌데……."

지트가 기어들어 가는 목소리로 말했다. 다른 두 명은 너무 놀라서 입도 열지 못했다.

"여기가 선생님 댁이라는 걸

알았다면 장난치지 않았을 거예요."

"걱정 마라!"

리퍼는 억지웃음을 지으며 말했다.

"난 어린애들이 재밌게 노는 모습을 보는 걸 좋아하니까."

그리고 좀처럼 사라지지 않는 고약한 냄새가 풍기는 연기를 없애려고 손을 내저었다.

"마침 뭘 좀 하고 있었는데, 너희가 날 방해한 것 같구나. 여기 주변에 연기가 자욱한 건 바로 그 때문이란다."

"웩! 요리를 하고 계셨나요?"

위펫이 서투르게 물었다.

"고약한 냄새가 여기까지 나요."

"아니, 요리를 하고 있었던 게 아니란다. 뭐랄까, 아무튼 음식은 아니야."

리퍼가 어물거렸다.

"어떤 실험을 하고 있었지. 선생님은 다시 그 실험을 해야 하니, 너희와 여기서 이러고 있을 시간이 없단다. 그나저나 재미있는 장난으로 이웃 사람들을 즐겁게 해 준 것 같은데……."

"저기……?"

링고가 일부러 말꼬리를 흐렸다.

"아, 그렇지!"

리퍼가 말했다.

"선생님이 뭘 좀 가지고 나올 테니, 문간에 와서 기다리는 게 어떻겠니? 오래 걸리진 않을 거야."

소년들은 열린 현관문까지 따라간 다음, 리퍼가 안으로 들어가 있는 동안 그 주위를 서성거렸다.

"대체 어떻게 된 거야?"

위펫이 링고한테 불만스럽게 속삭였다.

"자, 얘들아."

링고가 젠체하며 말했다.

"이쪽으로 모여 봐. 그리퍼는 우리가 자기를 위해 뭔가를 해 주길 바라고 있어. 그러면 우리한테 대가를 지불하겠대."

"그래? 우리가 뭘 해 주길 바라는데?"

탱크가 경계심 가득한 목소리로 물었다.

"긴장 풀어."

링고가 대답했다.

"대단한 일은 아니야. 그냥 어떤 편지를 배달해 달래. 지난번 그 우주복을 입은 괴짜가 살고 있는 집으로 말이야."

"그러면 돈을 주겠대?"

지트가 새된 소리로 덧붙였다.

"왜?"

"그건 나도 몰라."

링고가 솔직히 시인했다.

"그래도 난 별로 상관없어. 돈을 버는 일이잖아. 안 그래? 중요한 건 바로 그거라고."

그들은 조금 더 기다렸다. 몇 분이 지났지만, 여전히 리퍼는 나타날 기미가 보이지 않았다. 링고는 현관문으로 안을 살짝 들여다보았다.

"들어가 보자."

링고가 제안했다.

"안 돼!"

다른 아이들이 소리쳤다.

"안 되긴 뭐가 안 돼."

링고는 장난기 가득한 눈빛으로 고집을 피웠다.

"생각해 봐. 학교에 가서 아이들에게 그리퍼의 집에 들어가 봤다고 자랑할 수 있잖아! 물건을 훔칠 수 있는지도 보자."

링고가 먼저 발소리를 죽이고 안으로 들어가다 걸음을 멈추고 다른 아이들에게 손으로 따라오라는 시늉을 했다. 결국 한 명씩 현관문 안으로 살금살금 들어갔다.

거실로 들어가자 문이 몇 개 있는 복도가 보였다. 모든 게 먼지로 뽀얗게 뒤덮여 있었다. 마치 백 년 동안 아무도 손을 대지 않은 것 같았다.

"이쪽으로 와."

링고가 즐거운 듯 킬킬거리면서 말했다. 그리고 복도를 따라 걷다 말고 어느 문 앞에서 멈춰 섰다.

"저 늙은 선생이 이 안에다 뭘 보관하고 있을까?"

그러곤 문을 살짝 밀어서 열어 안을 들여다보았다.

"와우, 와우, 이게 다 뭐지?"

링고의 얼굴에 교활한 미소가 스치고 지나갔다.

"저 늙은 선생한테 겉보기와는 다른 뭔가가 있는 것 같은데."

다른 소년들이 그 방에 무엇이 있는지 보려고 링고 주위로 모여들었다. 그리고 앞에 펼쳐진 기이한 광경을 보곤 눈이 휘둥그레졌다.

"우아!"

지트가 탄성을 질렀다.

"저게 다 뭐지?"

하지만 누가 대답하기도 전에, 리퍼가 다시 그들 뒤에 나타났다.

"너희에게 분명히 밖에서 기다리라고 이야기했을 텐데?"

리퍼가 섬뜩한 목소리로 말했다.

"죄송해요, 선생님. 죄송해요."

소년들이 쏜살같이 달려가 얼른 사과했다.

"내가 집 안으로 들어오라고 했던가? 물론 그럴 리가 없지. 왜 그런 나쁜 행동을 했는지 설명할 수 있을까? 만약 설명할 수 없다면, 선생님의 말을 어긴 벌로 학교에서 징계 처분을 받을 수밖에 없을 거야."

"선생님, 선생님."

링고가 재빨리 말했다.

"계속 밖에서 기다리고 있었는데…… 선생님이 아까 말씀하셨던 실험이…… 너무나 궁금해서 견딜 수가 있어야죠……. 그래서 들어와서 보고 싶었던 거예요."

"실험이 궁금했다고?"

리퍼가 의심스럽다는 투로 물었다.

"맞아요, 선생님."

소년들이 열심히 이구동성으로 외쳤다.

"네 녀석들이 과학에 관심이 있는 줄은 미처 몰랐구나."

리퍼가 조금 기쁜 목소리로 말했다.

"아이쿠, 선생님. 저희가 과학을 얼마나 좋아하는데요. 정말이에요!"

링고가 열렬한 어조로 분명히 말했다.

"여기 있는 탱크는 과학자가 되는 게 꿈이에요. 나중에 크면 말이에요."

그 말에 탱크는 깜짝 놀랐다. 하지만 이내 지적인 표정을 지으려고 안간힘을 썼다.

"정말이니?"

리퍼가 목에 힘을 주며 말했다.

"그것 참 놀라운 소식이군! 그렇다면 너희 모두 내 실험실을 꼭 봐야겠구나. 내가 그동안 연구해 온 것을 누군가에게 몹시 보여주고 싶었는데, 너희가 제격인 것 같다. 어서 들어오너라. 내가 모든 걸 말해 주지."

"지금은 또 뭣 때문에 우리를 안으로 끌고 들어가려는 거지?"

리퍼를 따라 방으로 들어가며 위펫이 링고에게 속삭였다.
"입 닥쳐."
링고가 입을 일그러뜨리며 말했다.
"이렇게 하느냐 징계를 받느냐 둘 중 하나를 골라야 하는 상황이었잖아. 그러니 열심히 배우고 싶어 하는 척이나 해. 알았지? 최대한 빨리 여기서 나가도록 해 볼 테니까."

18장

리퍼의 실험실은 두 부분으로 확실히 나뉘어져 있었다. 한쪽에서는 이상야릇한 화학 실험이 진행되고 있었다. 많은 유리 공이 여러 개의 유리관을 통해 다른 유리 공과 연결되어 있고, 그중 하나는 꼭 미니 화산처럼 보이는 것에 연결되어 있었다.

화산 연기의 대부분은 위로 올라가 유리 공 안으로 흘러들었지만 이따금 조금씩 새어 나오기도 했다. 연기는 한 유리 공에서 다음 유리 공으로 이동하다, 마침내 중앙에 있는 커다란 공으로 들어갔다. 이 마지막 공 안에는 구름 같은 게 있었는데, 이따금 불꽃이 일어나는 게 보이기도 했다.

"자, 가장 먼저 질문하고 싶은 사람?"

리퍼가 청중을 갖게 되었다는 사실에 감격한 듯 물었다.

링고가 한숨을 푹 내쉬더니 커다란 화학 실험 장비를 가리키면서 말했다.

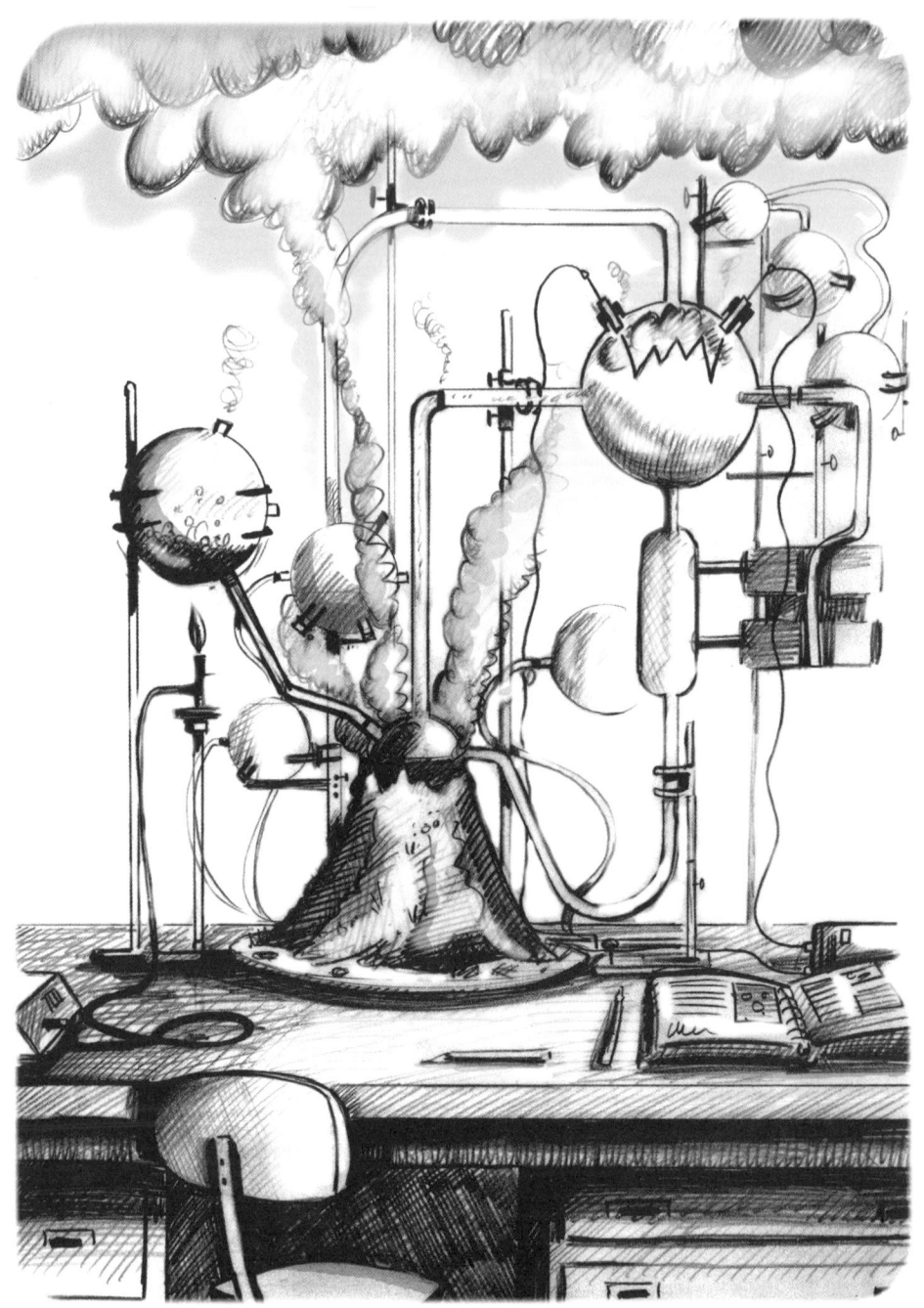

"선생님, 저게 뭐죠?"

"아하!"

리퍼가 씩 웃으며 두 손을 비볐다.

"너희가 이 집에 들어올 때 맡았던, 달걀 썩는 것 같은 고약한 냄새 기억하지? 그게 뭔지 아니?"

"썩은 달걀 아닌가요?"

탱크가 큰 소리로 외쳤다. 자신이 정답을 알고 있다는 게 기쁜 것 같았다.

"어리석긴."

리퍼는 쯧쯧 혀를 찼다.

"너희는 정말 아무것도 모르는구나. 그건 지구의 냄새란다. 수십억 년 전 생명이 하나도 없었을 때의 지구 말이야."

초기의 대기

- 지구의 대기가 항상 오늘날과 같았던 것은 아니다. 우리가 만약 35억 년 전(지구의 나이가 10억 년쯤 되었던 시기)으로 돌아간다면, 숨도 쉬지 못할 것이다.

- 오늘날, 지구의 대기는 대략 78퍼센트의 질소와 21퍼센트의 산소 그리고 0.93퍼센트의 아르곤으로 이루어져 있다. 나머지 0.07퍼센트는 주로 이산화탄소(0.04퍼센트) 그리고 네온과 헬륨과 메탄과 크립톤과 수소의 혼합물이다.

- 35억 년 전 지구의 대기에는 산소가 전혀 없었다. 주로 질소와 수소, 이산화탄소와 메탄으로 이루어져 있었는데, 정확한 구성 성분은 알려져 있지 않다. 그 시기 즈음에 거대한 화산이 폭발하면서 증기와 이산화탄소, 암모니아, 황화 수소를 대기에 방출했다. 황화 수소는 썩은 달걀 같은 냄새를 풍기며, 대량으로 사용하면 독성을 갖는다.

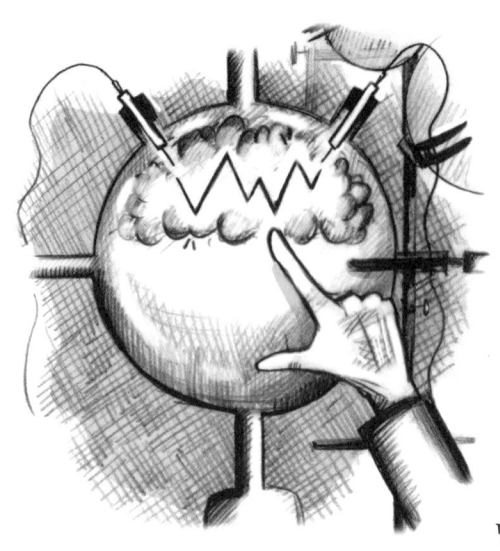

"저희가 그걸 어떻게 알겠어요?"

위펫이 툴툴거리며 불평했다. 하지만 리퍼는 그의 말에 전혀 신경 쓰지 않고, 맨 위에 있는 분화구에서 연기를 뿜어내는 작은 인공 화산을 가리키며 말했다.

"이건 진짜 화산이 아니야."
"네, 비슷하네요. 정말."
링고가 중얼거렸다.
"제 말은, 우리가 저게 가짜라는 걸 알아채지 못한 걸 보면 그렇다는 거예요."
"저건 그냥 똑같은 종류의 연기를 뿜어내는 작은 화학 반응에 지나지 않아."

리퍼는 링고의 무례함을 눈치채지 못할 만큼 열중해 있었다.

"그래서 내가 정원에서 가져온 흙으로 작은 화산처럼 보이게 만들었지. 아주 마음에 들어."

화산에서 나온 연기가 부풀어 오르며 위에 있는 유리 공으로 들어가더니 수증기와 뒤섞였다. 이 수증기는 가스버너 위에서 가

열된 물이 들어 있는 또 다른 유리 공에서 온 것이다. 화산의 연기와 수증기가 뒤섞이자 커다란 공 안에서 작은 구름이 만들어졌다. 리퍼는 그 구름 안에 전기 불꽃을 일으키는 어떤 장치를 설치해 둔 터였다.

미니 화산이 푹푹거리며 검은 연기를 위로 내보내는 동안, 유리 공 안의 구름 사이로 딱딱, 소리를 내며 번개가 지나갔다.

"번개가 가스 구름을 치면 이상한 반응이 일어나지. 과학자들은 이런 반응이 때로 지구상의 생명이 필요로 하는 가장 기초적인 성분들을 형성시킬 수 있다는 사실을 발견했단다. 이들 성분을 아미노산이라고 하지."

"하지만 왜죠?"

위펫이 물었다.

"선생님은 왜 그런 성분을 만들고 싶어 하시는 거죠?"

"왜냐하면……"

리퍼의 얼굴에 사악한 표정이 스치고 지나갔다.

"생명체를 만들려고 하기 때문이지."

'웃기는 소리 하고 있네.'

링고는 속으로 중얼거렸다.

하지만 지트는 링고보다 흥미를 보였다.

"그렇지만 우리 주변에는 이미 많은 생명체가 있잖아요."

지트가 신중하게 말했다.

"왜 굳이 더 많은 생명체를 만드시려는 거죠?"

"이 행성에는 많지."

리퍼가 만족스러운 표정을 지으며 지트를 쳐다보았다.

"하지만 다른 행성에는 어떨까? 생명이 아직 출현하지 않은 또 다른 행성에는 말이야. 우리가 만약 생명체를 가지고 그곳에 간다면 어떻게 될까?"

"제가 보기엔 좀 어리석은 일처럼 들리는데요?"

링고가 끼어들었다.

"우리가 새로운 행성으로 간다 해도 그곳엔 아무것도 없을 테고, 그럼 할 일이 아무것도 없는 거잖아요."

"어이쿠, 상상력하곤!"

리퍼가 큰 소리로 말했다.

"우리가 그 행성의 주인이 되는 거야! 그 모든 게 우리의 것이 될 거란 말이다."

"하지만 잠깐만요."

위펫이 다소 의심쩍다는 듯이 말했다.

"선생님이 말씀하시는 그 행성은 어디에 있죠? 그리고 우린 거기에 어떻게 가죠?"

"아주 좋은 질문이야."

리퍼는 흡족한 듯 말했다.

"이리로 와서, 이걸 좀 보려무나."

밀러와 유리의 실험

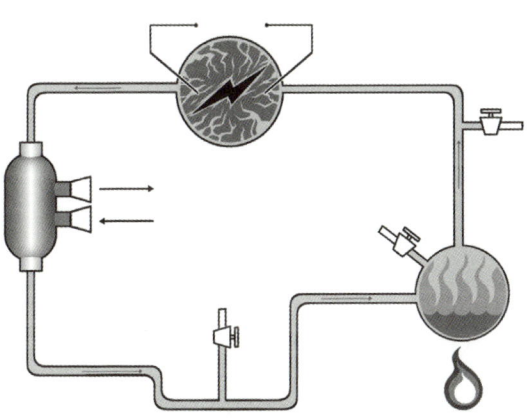

- 1953년, 스탠리 밀러와 해럴드 유리라는 두 과학자가 지구 생명의 기원에 대해 연구하고 있었다. 그들은 생명을 이루는 성분들이 지구의 초기 대기에서 발생한 완전히 자연적인 현상에서 나타났을 거라고 믿었다.

- 그 당시(1950년대) 과학자들은 초기 지구의 대기에 포함되어 있던 화학적 구성 성분에 대해 알고 있었다. 그들은 또한 번개가 잦았다는 사실도 알고 있었다. 따라서 밀러와 유리는 지구의 원시 대기라고 생각되는 이들 기체 혼합물에 번개와 비슷한 전기 스파크를 가하는 실험을 했다. 그 결과, 놀랍게도 그들은 특별한 유기 화합물을 만들어 냈다.

- 유기 화합물은 탄소와 수소를 포함하는 분자이다. 이러한 분자들 중 일부는 아미노산이라고 불리는 분자와 마찬가지로 생명에 필요하다. 밀러와 유리의 실험은 아미노산을 생산해 실험실에서 생명을 만들어 내는 것이 가능할지도 모른다는 희망을 과학계에 심어 주었다.

- 그러나 밀러와 유리의 실험 이후 60년 이상이 흘렀지만, 그러한 창조는 아직 멀기만 하고 우리는 여전히 생명이 지구상에 어떻게 출현하게 되었는지 정확히 모르고 있다. 하지만 그동안 옛 지구상의 조건들을 모방한 특별한 환경 아래서 생명의 기본적인 화학적 구성 성분들을 점점 더 많이 만들 수 있게 되었다.

그러곤 그 방의 다른 쪽으로 걸어갔다. 거대한 우주와 별 사진들로 가득 차 있었다. 한쪽 구석에는 두 개의 작고 하얀 점 주위에 붉은 원이 그려진 천체도(天體圖)가 있었는데, 많은 화살표가 그 원을 향하고 있었다. 이 붉은 원 근처에는 초록색으로 그려진, 왠지 텅 빈 것 같은 또 다른 원이 있었다. 천체도 옆에는 다이어그램과 마구 휘갈겨 쓴 낙서로 뒤덮인 하얀 칠판들이 있었다. 그 낙서와 천체도 사이에 어떤 관련이 있는 것처럼 보였다.

소년들이 주위로 모여들자 리퍼가 목을 가다듬었다.

"이것이 바로 미래야!"

그리고 마구 휘갈겨 쓴 낙서를 향해 두 손을 흔들며 말했다.

"우리의 미래!"

리퍼는 계속 말을 이었다.

"아마도 내가 학교에서 너희를 가르치고 있을 때는 내가 무엇을 하는지 전혀 생각하지 못했을 거야."

아이들은 그러지 못했다는 데 동의하며 고개를 끄덕였다.

"너희에게 솔직히 말하도록 하마. 나는……."

리퍼는 몸을 쭉 펴고 아이들을 내려다보았다.

"행성 전문가란다. 평생 동안 행성을 연구하면서 새로운 행성을 찾으려고 애써 왔지."

"그래서 찾으셨어요?"

위펫이 물었다.

"많이 찾았지."

리퍼가 자랑스럽게 대답했다.

"하지만 화성이나 토성이나 목성 같은 건 우리 모두가 알지 않나요?"

위펫이 다시 물었다.

다른 소년들이 팔꿈치로 서로를 쿡쿡 찔렀다.

"우-워!"

탱크가 속삭였다.

"위펫이 기를 쓰고 공부했나 봐."

"아냐, 그렇지 않아."

외계 행성

- 외계 행성은 태양 이외의 어떤 별 주위를 공전하는 행성이다.

- 지금까지 240개가 넘는 외계 행성이 우주에서 발견되었으며 매달 새로운 외계 행성이 발견된다. 이것은 은하수 내에만 존재하는 것으로 알려진 수천억 개의 별에 비하면 많지 않은 것처럼 보일지도 모른다. 하지만 이렇게 적은 수밖에 발견되지 않은 것은 주로 이런 행성들을 발견하기가 어렵기 때문이다. 별은 크고 빛을 방출하기 때문에 발견하기 쉬운 반면, 행성은 훨씬 더 작고 오직 그 모성의 빛을 반사만 하기 때문에 발견하기가 쉽지 않다.

- 외계 행성을 발견하는 데 사용되는 기술은 대부분 간접적인 방법이다. 이는 외계 행성이 직접 관측되는 게 아니라 그 존재의 영향으로 발견된다는 것을 의미한다. 예컨대, 커다란 외계 행성은 중력에 의하여 그 모성을 끌어당겨 그 별을 약간 움직이게 만든다. 이러한 별의 운동은 지구에서 관측될 수 있다. 169개의 외계 행성이 이런 방법으로 발견되었으며, 이 행성들은 매우 커서 우리 태양계의 거대 행성들 가운데 가장 큰 목성보다도 훨씬 더 크다.

위펫이 지르퉁하게 골을 냈다.

"그냥 흥미로워서 그래. 그뿐이라고."

"아하!"

리퍼가 말했다.

"네 말이 맞아! 우리는 지구에서 아주 가까운, 우리는 태양 주위를 도는 모든 행성에 대해서는 알고 있지. 하지만 나는 다른 행성들을 찾고 있는 거란다! 다른 별들의 주위를 돌고 있는 행성들을 찾고 있어. 아주아주 멀리 떨어져 있는 행성들을 말이야."

리퍼는 자기 말에 귀를 기울이는 아이들에게—어쨌든 그들 중 두 명은 그랬다—설명하는 것을 즐기듯 계속 말을 이었다.

● 2006년 12월에 발사된 코로 위성은 별에서 나오는 작은 광량(빛을 내는 양)의 차이도 검출할 수 있다. 그러한 광량 변화는 외계 행성(심지어 작은 것이라도)이 별 앞으로 지나갈 때 발생할 수 있다. 코로에 장착된 탐지기들은 지구 크기의 2배 정도 되는, 이전보다 훨씬 더 작은 외계 행성도 발견할 수 있을 만큼 뛰어난 성능을 지니고 있다. 우리는 아직 지구 크기만 한 외계 행성은 발견하지 못했다.

지금까지 직접적인 화상 촬영(사진 촬영)에 의해 발견된 외계 행성은 단 4개밖에 없다. 이 행성들 역시 거대하다.

"행성은 찾기 쉬운 게 아니란다. 나는 수년 동안 망원경 관측 자료를 모으면서 보냈고, 우주에서 수백 개의 행성을 보았단다. 불행히도 우리가 지금까지 발견한 행성들 대부분은 그 모성하고 너무 가까워서 생명체를 부양하고 살리기에는 너무 뜨겁다는 문제가 있지."

"그럼, 그건 도움이 되지 않겠네요. 그렇죠?"

위펫이 실망한 목소리로 말했다.

리퍼가 천체도를 가리켰다.

"잠깐만. 아직 모든 걸 말한 게 아니야. 저 우주 공간에서는 놀랍고 매혹적인 일들 벌어지고 있단다. 우리가 지금까지 상상만 해

왔던 그런 일들 말이야. 하지만 그 모든 게 변할 날이 다가오고 있어. 인간이 우주에 가서 살게 될 날이 말이야. 우리가 새로운 행성을 최초로 발견했다고 상상해 보렴."

"꼭 무슨 TV 쇼 같네요."

지트가 유쾌하게 말했다.

"우주선을 타고 새로운 행성에 갔다가 초록색 외계인한테 잡아먹힌다는 그런 내용 말예요."

"아니, 전혀 그렇지 않아!"

리퍼가 날카롭게 말했다.

"너희는 공상 과학과 과학적 사실을 구별하는 걸 배워야 해. 내가 발견한 여기 이 행성이……."

그의 손가락이 천체도 모퉁이의 하얀 점들 주위에 그려진 빨간색 원을 따라갔다.

"새로운 행성 지구일 수도 있어."

"그렇지만 여기 있는 이 새로운 행성에 가려면 한참 걸릴 것 같아요."

위펫이 못 미더운 듯이 말했다.

"그래, 맞아."

리퍼도 동의했다.

"아주, 아주, 아주 멀단다. 만약 그곳에 있는 누군가와 전화 통화를 한다고 치면, 내가 질문하고 나서 그들의 응답을 들을 때까지 몇 년을 기다려야 할 정도로 멀리 떨어져 있지. 하지만 그건 내 질문이 그곳까지 가고 그들의 응답이 돌아오는 데 걸리는 시간 때문에 그런 것뿐이야."

"그들과 전화로 얘기하셨어요?"

네 소년이 이구동성으로 물었다.

"아니, 아니, 아니!"

리퍼가 곤혹스럽게 혀를 찼다.

"내가 만약이라고 했잖아. 제대로 이해하고 있는 거니?"

"그곳에 누군가가 있기는 할까요?"

지트가 흥분해서 계속 물었다.

"그건 말하기 어렵지. 그곳에 가서 직접 봐야 할 필요가 있어."

"어떻게 가실 건데요?"

링고가 물었다. 그도 이제 흥미를 느끼고 있었다.

리퍼는 아이들의 머리 너머로 먼 곳을 뚫어지게 바라보았다.

"나는 평생을 우주에 가려고 애썼단다. 한때는 거의 그럴 뻔했지. 하지만 누군가가 나를 가로막았어. 나는 그를 결코 용서할 수 없단다. 그때가 내 평생 가장 실망스러운 순간이었지. 하지만 그때 이후에도, 나는 계속 방법을 모색해 왔어. 그리고 이제 다시 기회가 찾아왔단다. 너희가 들어온 바로 그곳……."

그러곤 주머니에서 편지를 꺼냈다.

"이게 진입로에서 말했던 바로 그 편지란다. 이걸 조지의 옆집에 사는 친구한테 가져가거라. 그 사람 이름은 에릭이야. 아무도 보지 않을 때, 이 편지를 그 집 우편함에 넣도록 해."

리퍼는 편지를 링고에게 건네주었다.

"그 안에 뭐가 있는데요?"

링고가 물었다.

"약간의 정보가 들어 있지."

리퍼가 대답했다.

"정보는 힘이란다. 항상 그걸 기억해야 해."

그리고 천체도를 마주 보며 불에 덴 흉터가 있는 두 손으로 밝

은 점들 주위에 그려진 빨간 선 쪽을 가리켰다.

"이 편지에 들어 있는 정보는 바로 이 놀라운 두 번째 행성 지구의 위치란다."

위펫이 무슨 말인가를 하려 했지만 리퍼가 가로막았다.

"이 편지를 오늘 밤 우편함에 넣도록 해."

그리고 더 이상의 질문을 자르듯 덧붙였다.

"이제 가야 할 시간이 된 것 같구나."

리퍼는 서둘러 그들을 복도 쪽으로 밀었다.

"돈은요?"

링고가 잊지 않고 물었다.

"돈은 언제 주실 거죠?"

"월요일에 학교로 날 찾아오려무나. 너희가 편지를 제대로 배달했다면, 섭섭지 않게 주도록 하마. 자, 이제 가거라."

19장

　월요일 점심시간, 조지는 학교 식당에 묵묵히 앉은 채 걱정에 싸여 있었다. 가지고 온 도시락에 다른 아이들처럼 밝은 색깔의 과자 봉지나 초콜릿 바나 오렌지 탄산음료가 들어 있기를 바라며 안을 들여다보았지만, 시금치 샌드위치와 완숙된 달걀 하나 그리고 브로콜리 머핀 몇 개와 엄마가 집에서 직접 즙을 낸 사과 주스가 들어 있었다.

　조지는 샌드위치를 한입 크게 베어 먹고는 한숨을 푹 내쉬었다. 자신도 부모님 못지않게 지구를 구하고 싶지만 나

름의 방식으로 그렇게 하고 싶어 한다는 사실을 엄마 아빠가 이해해 주었으면 좋겠다고 생각했다.

부모님이 일반 사람들과 다른 방식으로 살아가는 데 아무런 문제가 없었던 것은 그들이 오직 같은 부류의 친구들하고만 어울리기 때문이다. 부모님은 이상한 옷을 입고, 다른 음식을 먹고, 텔레비전에서 어제 무슨 프로그램을 했는지 모른다는 이유로 비웃는 링고 같은 애들하고 매일같이 학교에 다니지 않아도 된다. 조지는 이 점을 아빠 테렌스에게 설명하려고 했다. 하지만 그저 "조지, 지구를 구하려면 우리 모두에게 자기 역할이 조금씩 있는 거란다." 라는 말만 들었을 뿐이다.

조지는 이 말이 사실이라는 걸 알고 있었다. 자신의 역할이라는 게 고작 학교에서는 놀림감이 되고, 집에서는 컴퓨터를 갖지 못하는 걸 의미한다는 사실이 다소 불공평하고 무의미하다는 생각이 들었지만 말이다. 조지는 컴퓨터가 얼마나 유용한지 부모님에게 설명하려고 애썼다.

"하지만 아빠, 컴퓨터로 할 수 있는 일이 정말 많아요. 아빠가 하는 일에 도움이 되는 것들 말이에요. 제 말은 그러니까, 아빠가 인터넷을 통해 많은 정보를 얻을 수도 있고 이메일로 시위 참가자들을 모집할 수도 있다는 거예요. 제가 아빠를 위해서 컴퓨터를 설치하고 어떻게 조작하는지 전부 알려 드릴 수 있어요."

이렇게 말하고, 조지는 테렌스를 간절한 눈빛으로 바라보았다.

테렌스의 눈에서 관심 있어 하는 것 같은 광채가 잠시 빛나는 것 같더니만 이내 사라져 버렸다.
"컴퓨터 얘기는 더 이상 하고 싶지 않구나."
테렌스는 이렇게 딱 잘라 말했다.
"우린 컴퓨터를 사지 않을 거야. 더 이상 말하지 마라."
조지는 시금치 샌드위치를 한입 크게 베어 물고 꿀꺽 삼키려고 애쓰며 자기가 에릭을 그토록 좋아하는 건 바로 그것 때문이라고 생각했다. 에릭은 조지의 질문에 귀를 기울였으며 또 적절한—조지가 이해할 수 있는—대답을 해 주었다.

조지는 오후 늦게라도 에릭을 보러 갈까 생각했다. 그에게 묻고 싶은 게 너무나 많았다. 또한 과학 대회를 위해 준비한 발표문을 에릭이 살펴봐 주기를 간절히 바랐다.

점심시간이 되기 직전, 조지는 마침내 용기를 내서 과학 대회 게시판에 참가하겠다는 서명을 했다. 그리고 주제를 적는 칸에 '우주에서 온 나의 놀라운 돌'이라고 썼다. 제목은 꽤 그럴

듯했지만, 자기가 쓴 발표문이 좋은지는 확신할 수 없었다.

조지는 게시판 앞에 선 채 주머니 속에 있던 우주에서 가져온 행운의 돌을 꺼냈다. 하지만 안타깝게도 그 돌은 점점 부서져 가루가 되어 가고 있었다! 토성 근처에서 가져온 그 돌은 태양계의 작은 파편으로 조지에겐 행운의 부적이나 마찬가지였다. 게다가 과학 대회는 다음 날 열리기로 되어 있었다. 조지가 마지막 순간에 겨우 참가 허락을 받게 된 것은 학교 아이들이 대회에 많이 참가하지 않았기 때문이다. 교장 선생님은 조지가 게시판에 이름을 적는 것을 보자 무척 기뻐했다.

"정말 멋진 주제로구나, 조지! 참 훌륭해! 우리가 한번 본때를 보여 주자꾸나, 알았지?"

그리고 조지에게 환한 미소를 지어 보였다.

"매노르 파크가 이 지역의 모든 트로피를 차지하게 둘 수는 없지 않겠니?"

매노르 파크는 상이란 상은 모두 휩쓸고 스포츠 대회마다 우승하는 이 지역 최고의 학교였다.

"네, 선생님."

조지는 우주에서 가져온 돌을 다시 주머니에 넣으며 말했다. 하지만 교장 선생님의 예리한 눈을 피할 수는 없었다.

"오, 이런. 주머니에 흙이 잔뜩 들어 있구나."

교장 선생님이 근처에 있는 쓰레기통을 집어 들면서 말했다.

"여기다 버리렴, 조지. 주머니 속에 흙을 잔뜩 담은 채로 점심을 먹으러 나가게 할 수는 없지."

조지가 그 자리에 못이라도 박힌 듯 꼼짝 않고 서 있자 교장 선생님이 쓰레기통을 성급하게 조지의 코밑으로 밀어 넣었다.

"나도 어릴 때는 너랑 똑같았단다."

교장 선생님이 그렇게 말했지만 조지는 그 말을 믿을 수가 없었다. 그에게도 어린 시절이 있었다는 걸 상상할 수가 없었다. 교장 선생님은 양복을 입고 태어나 유소년 축구 리그에 대해 열정적인 말을 쏟아 냈을 것만 같았다.

"호주머니가 온갖 쓰레기로 가득 차 있구나. 어서 이 안에 버리고 가거라."

선생님의 재촉에 조지는 마지못해서 자신이 가장 소중히 여기는 보물의 부서진 잿빛 잔재를 쓰레기통 속으로 떨어뜨렸다. 그리고 나중에 와서 다시 찾아야겠다고 생각했다.

조지는 샌드위치를 우적우적 씹어 먹으며 에릭과 우주와 다음 날 있을 과학 대회에 대해 곰곰이 생각하고 있었다. 그때 손 하나가 어깨 위로 살금살금 넘어오더니 도시락에서 머핀 하나를 재빨리 채 갔다.

범인은 링고였다.

"와, 이것 좀 봐. 유명한 조지의 머핀이야!"

링고가 머핀을 한입 크게 베어 무는가 싶더니 이내 퉤퉤 뱉는 소리가 들렸다.

조지는 굳이 주위를 둘러보지 않아도 식당 안에 있는 아이들 모두가 자기 쪽을 쳐다보며 킬킬거리고 있다는 걸 알 수 있었다.

"웩, 뭐 이런 이상한 맛이 다 있어."

링고가 뒤에서 짐짓 토하는 소리를 내며 말했다.

"나머지도 똑같은 건지 보자."

그리고 조지의 도시락으로 또다시 손을 집어넣었다. 조지는 더 이상 참을 수가 없었다. 링고의 커다란 손이 집에서 만든 나무 도시락 통 속으로 들어오자 얼른 뚜껑을 닫았다.

"아얏!"

링고가 고통스럽게 비명을 질렀다.

"아얏! 아얏! 아얏!"

조지는 뚜껑을 다시 열어 링고가 손을 빼도록 했다.
"왜 이리 소란이지?"
때마침 리퍼가 성큼성큼 걸어오면서 말했다.
"네 녀석들은 도대체 하루도 문제를 일으키지 않고는 못 배기는 거냐?"
"선생님, 리퍼 선생님, 선생님!"
링고가 다친 손을 흔들면서 소리쳤다.
"전 그냥 조지한테 점심으로 뭘 싸 왔느냐고 물었을 뿐인데, 이 녀석이 먼저 공격을 했어요, 선생님. 정말이에요! 이 녀석한테 나머지 학기 동안 두 배의 징계를 주셔야 해요! 이 녀석이 제 손을 부러뜨렸다고요, 선생님!"

링고가 자기를 보며 히죽히죽 웃자, 리퍼는 차가운 눈으로 그를 흘끗 쳐다보았다.

"좋아, 링고. 양호 선생님한테 가서 손을 치료받은 다음에 내 방으로 오도록 해. 조지는 내가 알아서 처리할 테니까."

리퍼가 손가락 끝으로 링고에게 명령했다. 그러자 링고가 씩 웃더니 건들거리며 식당을 나갔다.

식당은 어느새 쥐 죽은 듯 조용해져 있었다. 아이들은 리퍼 선생이 조지에게 어떤 벌을 내릴지 기다렸지만 그는 꾸짖기는커녕 조지 옆에 가만히 앉아 있을 뿐이었다.

"다들 계속 먹도록 해!"

리퍼는 식당에 있는 나머지 아이들을 향해 붉은 한쪽 손을 흔들었다.

"빨리 먹어! 곧 종이 울릴 거야!"

그리고 잠시 뒤, 아이들은 모두 조지의 일에 관심을 잃고 자신들이 하던 대화로 다시 돌아갔다. 식당 안은 이내 평소처럼 왁자지껄해졌.

"그런데 말이야, 조지……."

리퍼가 은근한 목소리로 말을 걸었다.

"네, 리퍼 선생님?"

조지는 초조하게 물었다.

"요즘 어떻게 지내니?"

리퍼가 마치 정말로 궁금한 것처럼 물었다.
"집에서는 별일 없고?"
"네, 그냥……. 잘 지내요."
조지는 리퍼가 코스모스에 대해서 묻지 않기를 간절히 바라며 조심스럽게 대답했다.
"네 이웃은 어떠니?"
리퍼가 물었다. 가능한 무심하게 들리게 하려고 애썼지만 그렇지 못했다.

"최근에 옆집 아저씨를 본 적 있니? 아저씨는 지금 집에 있니? 아니면 어디에 갔니?"

조지는 리퍼가 어떤 말을 듣고 싶어 하는지 알아내기 위해 머리를 굴렸다. 리퍼가 원하는 말의 정반대의 대답을 해야 할 것 같았기 때문이다.

"그 거리에 사는 사람들은 네 옆집 아저씨가 어디에 갔는지 궁금할 거야."

리퍼가 계속해서 말했다. 조지의 귀에는 그의 말이 점점 더 섬뜩하게 들렸다.

"어쩜 그냥 사라져 버린 것일지도 몰라! 그냥 온데간데없이 사라진 거지! 어디에 있는지 전혀 모르게 말이야! 정말 그럴까?"

리퍼는 희망을 품고 조지를 찬찬히 바라보았다. 그러나 조지는 리퍼가 뭔가 굉장히 이상하다고 확신했다.

"우주로 훌쩍 날아가서 돌아오지 않은 거야."

리퍼는 두 손으로 허공에 뭔가를 그리며 말했다.

"흠? 어떠니, 조지? 정말로 그런 일이 일어난 걸까?"

그러곤 조지를 뚫어지게 쳐다보았다. 조지가 생각하기엔 리퍼는 에릭이 온데간데없이 사라져 버렸다는 말을 듣고 싶은 게 분명했다.

"실은, 오늘 아침에 옆집 아저씨를 보았어요."

마침내 조지가 입을 열었다. 사실 조지는 에릭을 보지 못했다. 그렇지만 왠지 리퍼한테는 에릭을 봤다고 말해야 할 것 같았다.

"제기랄!"

리퍼가 심술궂게 투덜거리더니 갑자기 벌떡 일어섰다.

"나쁜 녀석들!"

그리고 인사도 없이 훌쩍 나가 버렸다.

잠시 후, 조지는 도시락을 닫고 쓰레기통 속에 버린 돌을 찾기 위해 다시 게시판이 있는 쪽으로 가기로 했다. 서둘러 복도를 걸어가던 조지는 리퍼의 방을 지나가다 리퍼가 언성을 높이는 소리를 들었다. 조지는 걸음을 멈추고 문틈으로 흘러나오는 소리에 귀를 기울였다.

"내가 너희한테 편지를 배달하라고 했어, 안 했어!"

리퍼가 거칠게 말했다.

"저흰 선생님이 시키는 대로 했어요. 안 그러니, 얘들아?"

한 소년이 투덜거렸다. 분명 링고의 목소리였다.

"그럴 리가 없어!"

리퍼가 말했다.

"그렇게 했을 리가 없다고!"

조지는 좀 더 듣고 싶었지만 오후 수업을 알리는 종이 울리는 바람에 그럴 수가 없었다. 오후 수업이 시작되기 전에 우주에서 가져온 그 특별한 돌을 꼭 되찾고 싶었다.

하지만 조지가 돌아갔을 때, 쓰레기통은 텅 비어 있었다. 안에는 깨끗한 쓰레기 봉지만 들어 있을 뿐이었다. 토성의 미니 달이 사라져 버렸다.

20장

그날 오후, 집으로 돌아가는 내내 비가 억수같이 퍼부었다. 어두운 잿빛 하늘에서 차가운 빗줄기가 주룩주룩 쏟아져 내렸다. 자동차가 길가에 있는 커다란 물웅덩이를 지나갈 때마다 더러운 진흙탕 물이 보도 위로 마구 튀었다. 집에 거의 다다랐을 즈음 조지는 비에 젖어 추위에 벌벌 떨었다.

조지는 옆집에 사는 에릭에게 내일 있을 과학 대회에서 발표할 내용을 봐 달라고 부탁할 참이었다. 리퍼가 왜 에릭이 사라졌다고 생각하는지에 대해서도 알고 싶었다. 그러나 에릭이 여전히 자신에게 화가 나 있을까 봐, 그래서 문가에서 내칠까 봐 걱정되었다.

'초인종을 누를까 말까? 어떻게 할까?'

하늘은 점점 더 어두워지고 있었다. 갑자기 우르르 쾅쾅 하는 천둥소리가 들렸다. 빗줄기가 훨씬 더 거세지자 조지는 마음을 결정했다. 에릭에게 발표문에 대해 물어보고, 리퍼에 대해서도 말해 줘야 할 것 같았다.

조지는 용기를 내서 초인종을 눌렀다.

딩-동!

잠시 기다렸지만 아무 응답이 없었다. 초인종을 다시 누르려는 순간, 문이 확 열리더니 에릭이 얼굴을 삐죽 내밀었다.

"조지!"

에릭이 반갑게 소리쳤다.

"너였구나! 어서 들어오너라!"

그러곤 긴 팔을 쭉 뻗어 조지를 확 끌어당기고는 현관문을 쾅 닫았다. 조지는 자신이 에릭의 집 거실에서 마룻바닥에 빗물을 뚝뚝 떨어뜨리며 서 있다는 사실이 믿기지 않았다.

"죄, 죄송해요."

조지는 더듬거리며 말했다.

"뭐가?"

에릭이 조금 당황한 표정으로 물었다.

"네가 뭘 잘못했는데?"

"애니에 대해서 말예요······. 그리고 혜성과······ 코스모스에 대해서도요."

"아, 그거! 나는 벌써 다 잊었단다! 하지만 네가 그렇게 말하니까 하는 얘긴데, 걱정하지 마라. 애니가 그 일이 네 생각이 아니라

자기 생각이었고, 너를 우주로 나가게 한 것도 자기였다고 솔직히 말해 주었단다. 그런데 그게 정말이니?"

에릭이 밝은 눈을 반짝이면서 두꺼운 안경 너머로 조지를 바라보았다.

"어, 그럼요. 사실은, 그래요."

조지는 안도하며 말했다.

"그렇다면 내가 오히려 너한테 미안하다는 말을 해야겠구나. 성급하게 엉뚱한 결론을 내렸으니 말이야."

에릭이 계속해서 말을 이었다.

"내가 정황을 제대로 살피지 않고 편견에 사로잡혀서 잘못 판단했던 거야."

조지는 에릭이 무슨 말을 하는지 전부 이해할 수는 없었다. 그래서 그냥 고개만 끄떡였다. 그때 서재에서 여러 사람의 목소리가 들렸다.

"파티하고 계세요?"

조지가 물었다.

"어, 뭐, 그렇다고 할 수 있지. 과학자들의 파티인데, 우린 이걸 회의라고 부르기도 하지. 들어와서 들어보지 않을래? 어쩌면 네가 관심 있어 할지도 모르겠구나. 우린 지금 화성에 대해서 얘기하고 있단다. 애니는 아직 할머니 집에 있어서 아쉽게도 이 파티에 참석하지 못했단다. 네가 참석한다면, 나중에 그 애한테 파티

에서 있었던 얘기를 해 줄 수 있을 거야."

"오, 그럼요!"

조지는 너무 흥분한 나머지 과학 발표 대회에 대해 물어보거나 리퍼에 대해 말해야겠다는 것을 까맣게 잊어버리고 말았다. 젖은 외투를 벗고 에릭을 따라 서재로 들어가는데, 어떤 여자의 목소리가 들렸다.

"……저의 동료들과 제가 우리의 가장 가까운 이웃 행성을 철저히 탐색해야 한다고 강력히 주장하는 게 바로 이런 이유 때문입니다. 우리가 화성의 붉은 표면 밑을 파게 된다면 뭔가를 발견하게 될지 누가 알겠습니까……."

에릭과 조지는 발소리를 죽이고 살금살금 서재로 들어갔다. 서재는 지난번에 보았을 때와 판이하게 달라져 있었다.

모든 책들은 선반에 깔끔하게 정돈되어 있고, 우주 사진들은 액자에 끼워진 채 벽에 걸려 있었으며, 구석에는 잘 개진 우주복 더미가 놓여 있었다.

방 한복판에는 줄지어 늘어선 의자에 외양도 몸집도 전혀 다른, 세계 곳곳에서 온 것처럼 보이는 과학자들이 앉아 있었다. 에릭이 조지에게 조용히 해야 한다는 뜻으로 입에 집게손가락을 갖다 대며 자리 하나를 가리켰다.

방 앞에는 한 여자 강연자가 서 있었다. 그 여자는 키가 크고 아름다웠으며 숱 많은 빨강 머리를 길게 땋아 허리까지 치렁치렁 늘어뜨리고 있었다. 그 여자가 초록빛 눈을 반짝이며 회의에 참석한 과학자들을 향해 미소를 보냈다. 여자의 머리 바로 위에는 코스모스가 만든 창문 모양이 있고, 그 창문엔 붉은 행성 하나가 비춰지고 있었다. 빨강 머리 여자가 강연을 계속했다.

"만약 아주 오래전에 화성에 생명체가 존재했더라도, 우리가 찾는 그 생명체의 증거가 화성 표면 위에 존재하지 않을 가능성이 매우 크지 않을까요? 우리는 때로 모래 폭풍이 이 행성의 표면을 급격하게 변화시켜서 붉은 우리 이웃의 과거 전체를 무기물 먼지 층 밑으로 점점 더 깊이 묻어 버리고 있다는 사실을 결코 잊어서는 안 됩니다."

여자 강연자가 말하는 동안, 모두는 코스모스의 창문을 통해 그 붉은 행성의 표면 전체를 뒤덮은 거대한 모래 폭풍을 보았다.

에릭이 조지 쪽으로 머리를 숙이고 작은 소리로 속삭였다.

"저 강연자의 말은, 화성에 한때 생명체가 존재했다고 해도 오늘날의 우리는 그 증거를 화성 표면 위에서 찾지 못할 거라는 뜻이야. 실제로, 저 과학자는 어떤 시기의 화성에 생명체가 존재했다고 확신한단다. 때론 그곳에 여전히 생명체가 존재한다고 단언하기도 하지. 그건 단연 가장 놀라운 발견 중 하나가 될 거야. 하지만 지금 단계에서는 더 이상 말할 수가 없단다. 그것을 알아내기 위해서는 우리가 직접 저 붉은 행성으로 가야만 하거든."

조지는 화성이 왜 붉은지 물어보고 싶었다. 하지만 강연자가 얘기를 끝내려 하고 있었다.

"잠깐 휴식 시간을 갖기 전에 질문하실 분 있으신가요?"

여자 강연자가 청중에게 물었다.

"없으시면 간단히 차와 비스킷을 드신 후에 우리의 마지막이자 가장 중요한 논제에 대해서 토의하도록 하겠습니다."

조지는 강연이 끝났다는 말에 무척 슬펐지만 용기를 내서 손을 번쩍 들었다. 주위에서는 과학자들이 웅성거리고 있었다.

"그러지 않아도 좀 출출하던 차였는데, 들던 중 반가운 소리군!"

질문을 듣고 싶어 하는 사람은 아무도 없었다.

"그럼 우리도 간식이나 먹어 볼까."

에릭도 높이 들어 올린 조지의 손을 보지 못하고 말했다.

과학자들은 방 한쪽 구석에 있는 간식 테이블로 우르르 몰려갔다. 다른 사람들이 다 먹어 치우기 전에 비스킷을 하나라도 더 먹고 싶은 모양이었다.

그때 빨강 머리 강연자가 허공

에 대고 흔드는 조지의 가느다란 팔을 보았다.

"잠깐만요, 여러분."

여자 강연자가 조지를 바라보면서 말했다.

"질문이 나왔네요. 그것도 우리 모임에 처음 참석한 새로운 회원에게서 말이에요."

다른 과학자들이 고개를 돌리고 조지를 쳐다보았다. 하지만 질문한 사람이 어린애라는 것을 알자 모두 빙긋 웃으며 차와 비스킷을 들고 자기 자리로 돌아갔다.

"무엇이 궁금하지요?"

강연자가 물었다.

"저기 만약…… 괜찮으시다면……."

조지는 갑자기 매우 창피한 생각이 들었다. 자기 질문이 너무 어리석어서 모두가 비웃지 않을까 걱정되었다. 조지는 숨을 깊이 들이마셨다.

"화성은 왜 붉은 거죠?"

마침내 조지가 물었다.

"좋은 질문이로군!"

다른 과학자 중 하나가 차를 후후 불면서 말했다. 조지는 휴, 하고 안도의 숨을 내쉬었다. 아무도 제대로 발음하지 못하는 이름을 가진 빨강 머리 강연자 크르츠크차크 교수가 고개를 끄덕이며 대답했다.

"우리 지구에서 언덕과 산을 오르다 보면 때로 아무 식물로도

화성

 화성은 태양에서 네 번째로 가까운 행성이다.

태양까지의 평균 거리: 2억 2790만 킬로미터
적도에서의 지름: 6,805킬로미터
표면적: 0.028×지구의 표면적
부피: 0.151×지구의 부피
질량: 0.107×지구의 질량
적도에서의 중력: 지구 적도 중력의 37.6퍼센트

화성은 얼음 핵을 갖고 있는 암석 행성이다. 그 핵과 붉은 지각 사이에는 두꺼운 암석층이 있다. 화성은 또한 우리가 숨을 쉴 수 없는 이산화탄소로 주로 이루어진(95.3퍼센트) 매우 희박한 대기를 갖고 있다. 화성의 평균 온도는 -60℃ 정도로 매우 차갑다.

태양계에서 가장 큰 화산은 화성의 표면에 있다.

태양계 최대 화산은 화성의 올림포스 산이다. 한쪽 끝에서 다른 한쪽 끝까지 원반형으로 퍼져 있는 이 산은 648킬로미터 폭에 24킬로미터 높이로 솟아 있다. 지구에서 가장 큰 화산은 하와이에 있는 마우나로아라고 불리는 산이다. 해발 고도가 4.1킬로미터에 이르는데, 해저에서 시작하는 기부부터 측정하면 높이가 17킬로미터이다.

덮여 있지 않은 붉은 땅을 볼 수 있을 거야. 예를 들면, 미국의 그랜드캐니언에서처럼 말이지. 하지만 다른 곳에도 이런 땅은 아주 많아. 땅이 이렇게 붉은 색깔을 띠는 것은 거기에 녹슨 철이 있기 때문이지. 철이 산화되면, 그러니까 다른 말로 해서 녹이 슬면, 붉어진단다. 화성의 표면이 붉은 빛을 띠는 것은 산화된 철, 즉 녹슨 철이 존재하기 때문이야."

화성은 대기를 갖고 있기 때문에, 날씨가 존재한다. 그곳의 기후는 지구에서 매우 추운 사막 지역의 기후와 아주 흡사하다. 모래 폭풍이 흔하게 발생하며 영국의 면적보다 10배가 넘는 물과 얼음이 뒤섞인 구름으로 이루어진 거대한 사이클론 같은 폭풍들이 관측되었다.

- 화성은 한때 표면에 액체 물이 흘러 오늘날 우리가 그 표면에서 볼 수 있는 수로들을 파 놓기에 적당한 온도였던 것으로 여겨진다. 오늘날 화성에서 유일하게 확인된 물의 존재는 극지방의 얼음 덩어리에 있으며, 그곳의 얼음물은 고체 이산화탄소와 섞여 있다.

- 그러나 2006년 12월, 화성의 표면에서 갓 형성된 수로 사진을 본 과학자들은 액체 상태의 물이 그 표면 밑에 깊이 묻힌 상태로 화성에 여전히 존재할지도 모른다는 놀라운 가능성을 제시했다.

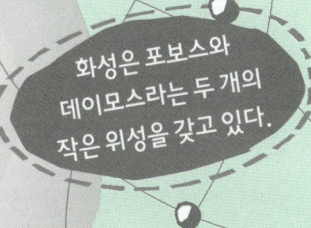

화성은 포보스와 데이모스라는 두 개의 작은 위성을 갖고 있다.

"그럼, 화성이 철로 만들어져 있다는 뜻인가요?"

조지가 물었다.

"음, 그렇지는 않단다. 우린 화성에 로봇 몇 개를 보낸 적이 있어. 그래서 화성이 붉은색을 띠는 게 얇은 층으로 된 녹슨 철가루 때문이라는 걸 알고 있지. 붉은 먼지 층 밑에 있는 화성의 표면은 지구의 표면과 상당히 유사해 보인단다. 다시 말해서, 물이 없는 지구의 표면과 말이야."

"그럼, 화성에는 물이 없나요?"

"있지. 하지만 우리가 알기에, 그 물은 액체가 아니야. 화성은 낮에 굉장히 뜨거워서 물이 다 증기로 변해 사라져 버린단다. 그래서 물이 남을 수 있는 곳은 낮과 밤 모두 온도가 낮은 지역, 그러니까 물이 항상 얼어 있는 상태로 유지될 수 있는 지역밖에 없어. 이런 일은 극지방에서 일어나지. 화성의 북극에서 우리는 엄청난 양의 얼음을 발견했단다. 북극과 남극의 극지방에서 큰 빙하 지대를 볼 수 있는 지구와 똑같지. 질문에 대한 대답이 되었니?"

"네, 고맙습니다!"

조지가 이렇게 말하고 또 다른 질문을 생각해 내기 위해 애쓰고 있을 때, 에릭이 앞으로 나가 강연자 옆에 서서 말했다.

"화성에 대한 흥미로운 논문을 발표해 주셔서 고맙습니다, 크르츠크차크 교수님."

크르츠크차크 교수가 인사를 하고 자리에 앉았다.

"친애하는 친구와 동료 여러분."

에릭이 계속 말을 이었다.

"우리가 논의해야 할 마지막이자 가장 중요한 논제로 넘어가기에 앞서, 기꺼이 이 자리에 참석해 주신 여러분 모두에게 심심한 감사의 말씀을 드립니다. 어떤 분들은 멀리 지구 반대편에서 오시기도 했지만, 우리가 오늘 들은 강연이 그 여행을 충분히 가치 있게 만들었으리라 생각합니다. 코스모스의 존재가 철저한 비밀로 유지되어야 한다는 사실이 얼마나 중요한지 여러분에게 굳이 상기시켜 드리지 않아도 되리라 믿습니다."

과학자들이 동의하며 고개를 끄덕였다.

"자, 이제, 우리 모두가 해답을 얻고자 하는 질문은 과학과 관련된 모든 사람이 근본적으로 관심을 갖는 문제입니다. 과학이 어떻게 사악한 목적을 위해 사용될 수 있는지 우리는 너무나 잘 알고 있으며, 우리가 과학자의 선서를 한 까닭도 과학이 오로지 인류를 위해서만 사용될 수 있도록 하기 위해서였습니다. 그러나 지금 우리는 딜레마에 직면해 있습니다. 여러분이 뉴스에서 듣고 또 지난 토요일의 생태 보호 시위행진에서 보셨듯이, 점점 더 많은 사람들이 지구에 대해 걱정하기 시작했습니다. 따라서 우리가 지금 해결해야 할 문제는 '지구상의 삶을 개선해서 그 문제들을 해결할 방법을 찾는 데 집중할 것인가, 아니면 인류가 거주할 또 다른 행성을 찾기 위해 노력할 것인가?'입니다."

　방에 있는 모든 과학자들은 침묵했다. 무척이나 심각해 보였다. 조지는 작은 종이쪽지에 자기 의견을 쓰고 있는 그들의 모습을 지켜보았다. 잠시 후, 에릭이 종이쪽지들을 모자 하나에 모았다. 에릭과 크르츠크차크 교수를 포함한 총 여덟 명의 과학자가 투표를 했다. 이윽고 에릭이 종이를 하나씩 펼쳤다.

"지구."

"지구."

"또 다른 행성."

"또 다른 행성."

"또 다른 행성."

"지구."

"지구."

"또 다른 행성."

"음, 의견이 갈린 것 같군요."

에릭이 말했다.

그때 크르츠크차크 교수가 손을 번쩍 들었다.

"제안을 하나 해도 될까요?"

크르츠크차크 교수가 물었다. 다른 사람들이 고개를 끄덕였다. 교수가 자리에서 일어섰다.

"조지."

교수가 조지의 이름을 직접 언급하면서 물었다.

"우리에겐 이 문제를 보는 균형이 다소 부족한 것 같구나. 그건 아마 우리가 각자의 분야에서 전문가들이기 때문일 거야. 그래서 얘긴데, 네가 이 문제를 어떻게 생각하는지 말해 줬으면 좋겠다."

모든 과학자들이 조지를 바라보았다. 조지는 너무 부끄러워 잠시 가만히 있었다.

"네 생각이 어떤지 솔직히 말해 보렴."

크르츠크차크 교수가 작은 소리로 말했다.

조지는 손가락을 무릎에 대고 비틀며 부모님과 녹색 캠페인을 벌이는 사람들에 대해 생각했다. 그리고 우주를 여행하고 그곳에서 또 다른 행성을 찾는 흥분에 대해서도 생각했다. 이윽고 조지는 과학자들에게 말했다.

"두 가지 모두 다 할 수는 없나요?"

21장

"조지, 문제를 아주 제대로 짚었어."

회의를 끝내고 떠나는 과학자들에게 손을 흔들어 작별 인사를 하며 에릭이 말했다.

잠시 후, 조지와 에릭은 다시 서재로 들어갔다. 방은 비스킷 봉지와 절반쯤 마신 찻잔, 낡은 볼펜과 비행기 모양으로 접힌 종이들로 온통 어질러져 있었다.

"네 말대로 우린 지구를 구하는 일에 몰두하는 동시에 새로운 행성을 찾는 일도 게을리하지 말아야 해. 꼭 어느 한쪽만을 해야 할 필요는 없다는 거지."

"아저씨도 그렇게 생각하세요?"

조지가 물었다.

"아저씨와 아저씨 친구들도요? 제 말은, 두 가지 다 하실 생각이냐고요."

"오, 물론이야. 조지, 혹시 네 부모님을 다음 회의에 초청할 수 있을까? 요전 날 기후 변화를 경고하는 시위행진 때 네 아버님 연설을 들었었거든. 혹시 네 아버님께서 우리한테 필요한 어떤 좋은 생각을 갖고 계시지 않을까 싶은데……."

"아, 안 돼요, 그러지 마세요!"

조지는 당황해서 말했다. 아빠가 에릭과 그의 과학자 친구들을 인정하려고 할지 조지는 전혀 확신할 수 없었다.

"아빠는 아마 좋아하지 않으실 거예요."

"아니, 네 생각과 다를 수도 있어. 우리가 뭔가를 이루어 내려면, 이 지구를 구하려면 모두 힘을 합쳐야 해."

에릭은 과학자들이 어질러 놓은 것들을 치우기 시작했다. 그들은 재킷이며 모자며 점퍼며 심지어 신발까지 잊고 간 것 같았다.

"사과하러 들러 줘서 정말 고맙다."

에릭이 어질러진 옷들을 한 아름 집어 올리면서 말했다.

"저, 실은, 제가 들른 건 그것 때문이 아니에요."

조지는 솔직히 시인했다.

에릭이 방 한쪽 구석에 옷을 내려놓고 고개를 돌려 조지를 쳐다보았다.

"제 과학 탐구 발표 대회 때문에 들른 거였어요."

조지는 초조하게 계속 말을 이었다.

"아저씨네 회의하고 조금 비슷한 거예요. 아이들이 발표를 한다는 것만 빼고요. 그리고 일등을 하면 상으로 커다란 컴퓨터를 준대요. 이야기할 내용을 쓰려고 애써 봤는데, 너무 많이 실수를 해서 아이들이 비웃을까 봐 걱정돼요."

"그래, 그 얘긴 애니한테 들었다."

에릭이 진지한 표정으로 말했다.

"너한테 도움이 될 만한 게 있단다. 재밌게도 너희가 혜성을 타고 온 뒤에 묘안이 떠오르더구나. 내가 너와 애니를 위해 우주에 관한 책을 쓰기로 마음먹고 메모를 약간 해 두었는데, 그게 혹시 네 과학 발표에 도움이 될지도 모르겠구나."

그러곤 비스킷 접시를 집어 들었다.

"이거 하나 먹으렴. 머리에 좋은 음식이야."

조지는 남은 비스킷을 마음대로 집어 먹었다.

"이렇게 하면 어떨까?"

에릭이 생각에 잠긴 표정으로 말했다.

"네가 서재 치우는 걸 도와주면……. 실은 애니가 자기가 없는 동안 집을 절대로 지저분하게 해서는 안 된다는 엄명을 내리고 갔거든. 어쨌든 서재 치우는 걸 도와주면, 너의 과학 발표에 대해 함께 얘기를 나누고, 나는 너희를 위해 내가 만든 메모를 검토해 볼 수 있을 텐데. 공평한 거래 같지 않니?"

"네!"

에릭이 약속하자 조지는 기뻐서 소리쳤다.

"제가 뭘 하면 되죠?"

"음, 비질이나 뭐 그런 걸 좀 해 주면 좋겠구나."

에릭이 모호하게 말했다. 그리고 별생각 없이 불안정하게 쌓여 있는 의자들에 몸을 기대는 바람에 그만 의자들이 요란한 소리를 내며 넘어지고 말았다.

조지는 와락 웃음을 터뜨렸다.

"이제 왜 네 도움이 필요한지 잘 알겠지?"

변명하듯이 말하는 에릭의 눈이 웃음으로 반짝였다.

"내가 이 의자들을 들어 올릴 테니, 바닥에 있는 이 흙 좀 쓸어 내 줄래?"

과학자들은 하나같이 문간에 놓여 있는 깔개에 신발을 닦는 걸 잊은 모양이었다. 카펫이 온통 과학자들이 남긴 발자국으로 뒤덮여 있었다.

"네!"

조지는 마지막 남은 비스킷을 입 안에 밀어 넣고 부엌으로 달려가 쓰레받기와 빗자루를 찾았다. 그리고 서재로 돌아와 흙이 가장 많은 부분부터 휙휙 쓸기 시작했다.

한참 비질을 하는데, 종잇조각 하나가 빗자루에 달라붙었다. 빗자루의 뻣뻣한 털에서 종이를 잡아떼어 집어던지려던 순간, 조지는 그것이 에릭 앞으로 온 편지라는 것을 알았다. 그런데 편지의 필체가 왠지 낯익었다.

"이것 좀 보세요!"

조지는 그 편지를 에릭에게 건네주었다.

"누군가가 이걸 떨어뜨린 모양이에요."

조지는 비질을 계속했다.

종잇조각을 펼쳐 읽

던 에릭이 갑자기 큰 소리로 외쳤다.

"유레카!"

조지는 고개를 들어 에릭을 쳐다보았다. 에릭이 종잇조각을 손에 든 채 무척 기쁜 표정으로 서 있었다.

"왜 그러세요?"

"지금 막 굉장히 놀라운 정보를 받았단다!"

에릭이 외쳤다.

"만약 이게 옳다면······."

에릭이 종잇조각을 두꺼운 안경 앞으로 바짝 들어 올리고 다시 자세히 살폈다. 그리고 긴 숫자를 중얼거렸다.

"그게 뭐죠?"

"잠깐만."

에릭은 머릿속으로 계산을 하는 것 같았다. 손가락을 짚어 가면서 뭔가를 계산하던 그가 얼굴을 찡그리며 머리를 긁적였다.

"좋았어! 좋았어!"

그러곤 종이를 주머니에 쑤셔 넣고 조지를 번쩍 들어 올려 빙그르르 돌렸다.

"조지, 해답을 찾았다! 알아낸 것 같아!"

그러더니 다시 조지를 내려놓고 코스모스한테 걸어가 자판을 두드리기 시작했다.

"뭘 아셨다는 거예요?"

조지는 약간 현기증을 느끼며 물었다.

"굉장해! 정말 놀라운 일이야."

에릭이 컴퓨터 자판을 미친 듯이 두드렸다. 코스모스에서 거대한 섬광이 방 한복판으로 쏟아져 나왔다. 이 위대한 컴퓨터가 또다시 출입문을 만들고 있는 걸 조지는 지켜보았다.

"어디로 가시는 거예요?"

에릭은 버둥거리며 우주복을 입고 있었다. 어찌나 서둘렀던지 두 발을 바지의 한쪽 다리에 모두 넣는 바람에 벌러덩 나자빠지고 말았다. 조지는 에릭을 일으켜 세운 다음, 우주복을 제대로 입도록 도와주었다.

"너무 흥분해서 말이야!"

에릭이 죔쇠를 조이면서 말했다.

"왜 그러시는데요?"

조지는 이제 당혹스럽기까지 했다.

"편지 말이야, 조지. 편지……. 이게 바로 그것인지도 몰라! 이게 바로 우리 모두가 찾고 있던 것인지도 모른다고!"

"누구한테서 온 편진데요?"

이유는 알지 못했지만 조지는 왠지 불길한 느낌이 들었다.

"그건 나도 잘 몰라."

에릭이 시인했다.

"누가 보냈는지 쓰여 있지가 않거든."

"그럼, 믿으시면 안 돼요!"

조지가 외쳤다.

"오, 말도 안 돼, 조지."

에릭이 아무렇지 않게 말했다.

"아마 내가 코스모스를 이용해서 정보를 확인해 주길 바라는 회의 참석자 중 하나가 쓴 걸 거야. 과학계에 그 사실을 알리기 전에 그게 옳은지 알고 싶었던 거겠지."

"그럼, 왜 아저씨한테 직접 묻지 않았죠? 왜 편지를 쓴 거죠?"

조지는 끈질기게 물었다.

"그건…… 왜냐하면…… 그건…….'

에릭이 난처한 듯 말을 잇지 못했다.

"내가 여행에서 돌아오면 알 수 있을 거라고 생각했겠지."

조지는 긴 숫자들로 뒤덮여 있는 코스모스의 스크린을 보았다.

"저것들은 다 뭐죠?"

조지가 물었다.

"저건 내가 떠날 새로운 여행지의 좌표란다."

에릭이 말했다.

"지금 가시게요?"

조지는 슬픈 표정으로 물었다.

"제 과학 발표는 어쩌고요?"

에릭이 갑자기 멈춰 섰다.

"오, 조지. 미안하구나!"

그리고 계속 말했다.

"하지만 난 정말 꼭 가야 해. 머뭇거리기엔 너무 중요한 일이라서 말이야. 조지, 넌 나 없이도 잘해 낼 거야!"

"하지만……."

"더 이상 말하지 말렴, 조지."

에릭이 유리로 된 우주 헬멧을 쓰고 이상한 우주 목소리로 말했다.

"편지를 찾아줘서 정말 고맙다! 그게 나한테 정말 중요한 단서

를 주었어. 이제 난 가야 해. 안-녀-어-어-엉!"

출입구로 펄쩍 뛰어든 에릭은 조지가 무슨 말을 하기도 전에 우주로 사라졌다. 이어서 출입문이 쾅 닫혔고, 조지는 서재에 혼자 남았다.

22장

　우주로 나가는 문이 닫힌 뒤, 서재에는 잠시 무서운 정적이 흘렀다. 그러나 그 정적은 아주 희미하게 들리는 어떤 선율 때문에 금방 깨지고 말았다. 조지는 누가 콧노래를 부르는지 보려고 주위를 둘러보았다. 그건 다름 아닌 코스모스였다.
　코스모스는 자신의 스크린에서 번득이는, 길게 이어진 숫자들을 처리하며 혼자 노래를 부르고 있었다.
　"바-바-바-바."
　코스모스가 계속해서 노래를 흥얼거렸다.
　"코스모스!"
　조지가 불렀다. 에릭이 갑자기 떠난 터라 별로 기분이 좋지 않았다. 도저히 즐거운 노래를 부르고 싶은 심정이 아니었다.
　"텀-티-텀-텀."
　코스모스가 노래로 응답했다.

"코스모스!"

조지는 다시 불렀다.

"아저씨가 어디로 간 거지?"

"트라-라-라-라."

코스모스는 스크린에 떠 있는 끝없는 숫자들을 척척 처리하면서 계속 즐겁게 노래를 불렀다.

"코스모스!"

이번엔 한층 더 소리를 높여 외쳤다.

"노래 좀 그만 불러! 에릭 아저씨가 어디로 간 거냐고?"

컴퓨터가 노래를 부르다 말고 갑자기 멈췄다.

"박사님은 새로운 행성을 찾으러 가신 거야."

코스모스가 조금 당황한 목소리로 말했다.

"내 노래가 마음에 들지 않는다니 유감인걸."

컴퓨터가 계속 말했다.

"난 그냥 일을 하면서 노래를 부르고 있었던 것뿐이야. 팜-팜-팜-팜."

컴퓨터가 노래를 다시 부르기 시작했다.

"코스모스!"

조지가 소리쳤다.

"아저씨가 어디에 계신 거지?"

"음, 그건 말하기 어려워."

코스모스가 대답했다.

"어떻게 네가 모를 수 있지?"

조지는 놀라서 물었다.

"난 네가 모든 걸 아는 줄 알았는데."

"불행히도 그렇지 않아. 난 내가 볼 수 있는 것 말고는 알지 못해."

"그러니까, 에릭 아저씨가 사라졌다는 뜻이야?"

"아니, 사라진 건 아니야. 박사님은 나를 위해 새로운 장소를 찾으러 여행을 떠나신 거야. 나는 박사님을 따라가서 우주의 지도를 만들지."

"좋아."

조지는 에릭이 사라진 게 아니라는 사실을 알고 안심이 되었다.

"내 생각엔 아저씨가 뭔가 매우 특별한 것을 보러 간 게 틀림없어. 그렇게 서둘러 떠난 걸 보면 말이야……."

"아니, 아니."

코스모스가 조지의 말을 가로막았다.

"그냥 우주에서 발견된 또 다른 지역을 보러 간 것뿐이야. 늘 겪는 일인걸."

조지는 약간 혼란스러웠다. 만약 그렇다면, 에릭이 왜 그렇게 정신없이 바쁘게 우주로 갔겠는가? 조지는 에릭이 다른 어른들과 달리 자신이 무슨 일을 하고 있으며 왜 하고 있는지 설명해 줄 거라고 믿었다. 하지만 그러지 않았다. 그냥 가 버렸다.

잠깐 동안, 조지는 우주복을 그러쥐고 코스모스에게 출입구를 열어 에릭한테 가게 해 달라고 부탁해 볼까 생각했다. 그러나 이내 애니와 함께 에릭의 허락 없이 우주로 나갔을 때가 떠올랐다. 그때 에릭은 얼마나 화를 냈었던가. 조지는 슬프게도 그냥 집으로 돌아가야 한다는 사실을 깨달았다. 어쩌면 조지가 친구로 생각했던 에릭은 그냥 그렇고 그런 또 다른 어른에 지나지 않은지도 몰랐다. 조지가 그런 일들을 이해하는지 못하는지조차 중요하게 생각하지 않는 어른 말이다.

조지는 젖은 외투와 가방을 집어 들고 문으로 향했다. 코스모스는 여전히 뒤에서 어떤 멜로디를 흥얼거리고 있었다.

조지는 에릭네 집 현관문을 열었다. 그런데 거리로 나가려는 순간, 갑자기 기억이 떠올랐다. 오늘 에릭을 만나러 왔던 데는 두 가지 이유가 있었다. 조지는 그중 하나인 과학 대회에 대해서만 간신히 말했을 뿐이다. 너무 흥분한 나머지 에릭에게 리퍼와 그의 이상한 질문들에 대해 얘기하는 걸 까맣게 잊고 말았던 것이다.

　편지. 그제야 기억이 났다. 바로 리퍼였다! 조지는 리퍼가 그 못된 링고 패거리에게 편지가 어떻고, 배달이 어떻고 하는 말을 엿들었었다! 틀림없이 에릭이 받은 편지에 대한 얘기였을 것이다! 게다가 리퍼는 에릭이 사라졌는지 물었다.

　순간, 조지는 홱 돌아서서 문을 활짝 열어 놓은 채 다시 집 안으로 달려 들어갔다.

　서재에서 코스모스는 여전히 무슨 작업을 하고 있었다. 컴퓨터 앞에 있는 책상 위에서 조지는 에릭이 그토록 기쁘게 읽었던 편지를 발견했다. 그 편지를 읽어 내려가는 동안, 조지는 그걸 쓴 사람이 누군지 깨닫고 손이 부들부들 떨렸다.

친애하는 에릭에게,

　난 인간이 살 수 있는 새로운 행성을 찾으려는 자네의 오랜 탐색이 아직 끝나지 않았다는 걸 알고 있네.

　나는 내가 우연히 발견한 매우 특별한 행성에 자네가 관심을 기울여 주기를 바라네. 그 행성은 크기가 거의 지구만 하고, 지구가 태양에서 떨어져 있는 거리와 거의 똑같은 거리만큼 그 모성에서 떨어져 있다네. 내가 알고 있는 한, 인간이 정착해서 살기에 그만큼 강력한 후보 행성은 없을 걸세. 나는 그 행성이 우리의 지구처럼 대기를 갖고 있다고 확신하네. 우리가 숨 쉴 수 있는 대기 말일세.

나는 이 정보가 정확하다는 것을 입증할 위치에 있지 않으니, 자네가 그것에 대해 어떻게 생각하는지 듣게 되기를 매우 고대하고 있네. 부디 이제에 있는 그 행성의 좌표를, 아니 더 정확하게 말하면 그곳에 다다르는 방법을 보여주길 바라네.

자네의 친구,
G. R.

조지는 G. R.이 누구인지 정확히 깨달았다. 필체 또한 너무나도 친숙했다. '조지는 수업 시간에 주의를 기울이는 것을 배우고, 공상에 잠기는 버릇을 고치지 않는 한 절대로 큰 인물이 되지 못할 것입니다.' 같은 말이 쓰인 학교 성적표에서 그 글씨체를 보았다. 그것은 의심할 여지없이 리퍼가 쓴 게 분명했다.

'그리퍼는 코스모스가 존재한다는 사실을 알고 있는 거야! 이건 함정이 틀림없어.'

조지는 이렇게 생각했다.

"코스모스!"

조지는 '반짝반짝 작은 별'을 흥얼거리는 컴퓨터를 가로막으며 큰 소리로 외쳤다.

"당장 나를 아저씨한테 데려다줘. 아저씨를 찾을 수 있어?"

"시도해 볼 수는 있어."

코스모스가 대답했다. 컴퓨터의 스크린에 연속적인 이미지들

이 나타났다. 가장 먼저 나타난 이미지는 마치 기다란 팔이 나선 모양으로 비틀린 불가사리 같았다. 그 위에는 이런 글씨가 쓰여 있었다

　－우리 은하, 은하수.

"우리 은하, 은하수는 거의 2천억 개의 별로 이루어져 있어."

코스모스가 설명하기 시작했다.

"우리의 별, 태양은 그것들 가운데 하나에 지나지 않아."

목성은 태양계에서 가장 큰 행성이다. 오른쪽의 검은 점은 목성의 여러 위성 가운데 하나의 그림자이다. 왼쪽의 대적점(Great Red Spot)은 300년 이상 동안 지구에서 관측되어 온 폭풍이다.

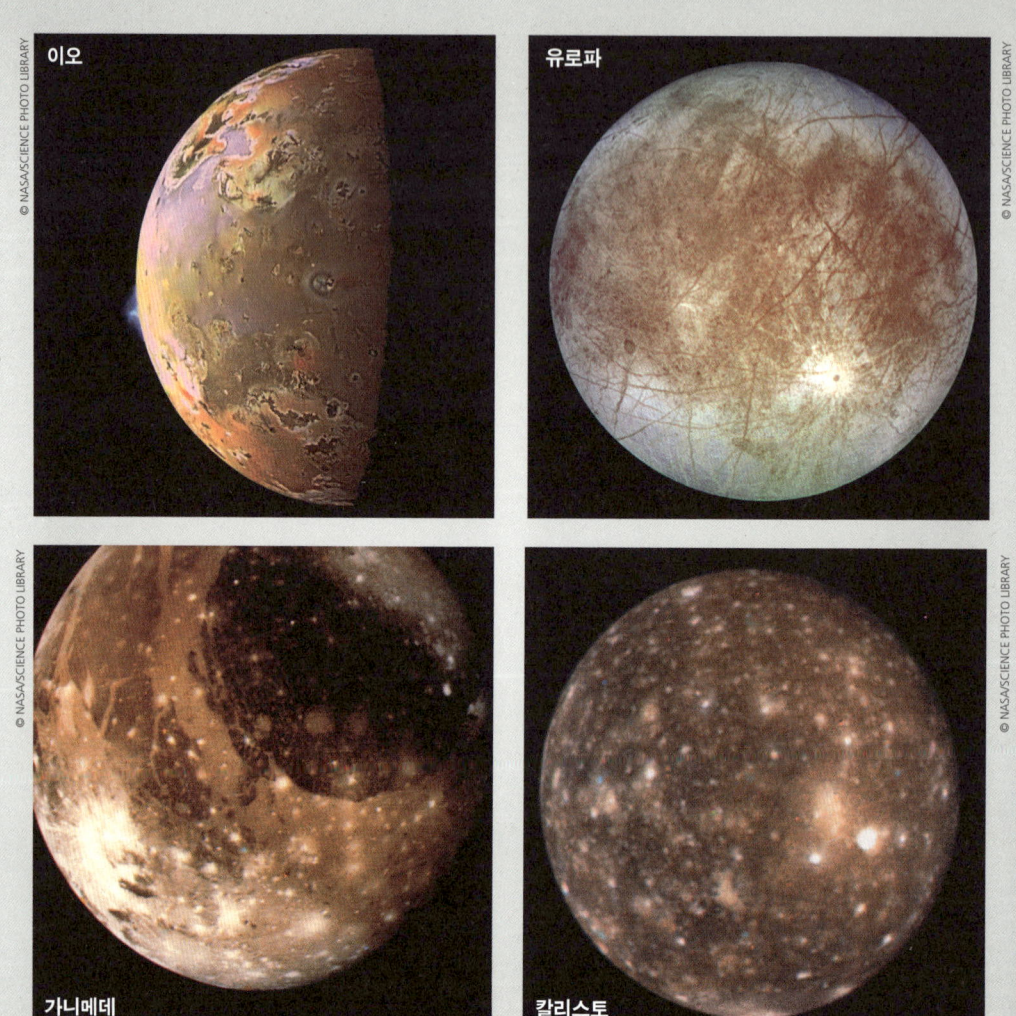

목성의 가장 큰 위성들. 이오는 강력한 화산 활동을 하고 있는 것으로 알려져 있다. 유로파는 얼음 지각 밑에 깊이가 100킬로미터가 넘는 액체 물의 바다를 숨기고 있는 것으로 생각된다. 가니메데에는 오래된 충돌 크레이터들이 있고, 칼리스토에서는 침식 과정들이 발견되었다.

2005년 5월 19일, 화성 탐사 로버(rover) '스피리트'에서 본 화성의 일몰.

화성. 중앙의 오렌지 빛 지역은 대형 먼지 폭풍이며, 위쪽과 왼쪽의 푸른빛이 도는 하얀 지역은 물의 얼음 구름이다.

ES · COSMOS'S PICTURE FILES · COSMO

위성들과 함께 있는 화성.

화성의 위성들은 너무 작아서 둥글지가 않다. 이것은 가장 큰 동시에 가장 안쪽에 있는 위성으로 포보스라고 부른다.

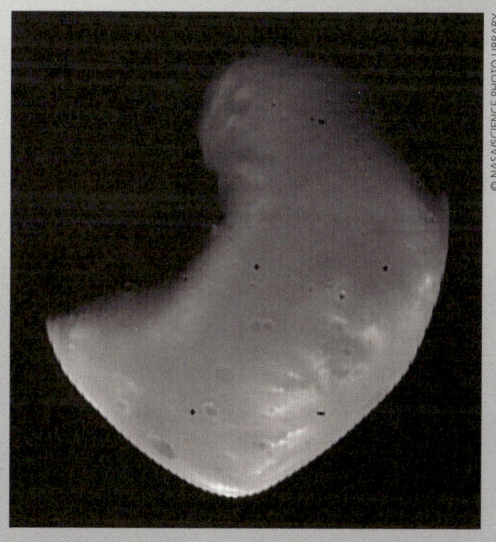

이것은 가장 작고 가장 바깥쪽에 있는 위성으로 데이모스라고 부른다.

이 화성의 전경은 컬럼비아힐즈의 한 봉우리인 허즈번드힐에서 본 모습이다. 컬럼비아힐즈라는 이름은 우주 왕복선 컬럼비아에서 사망한 우주 비행사들을 추모하기 위해 붙여졌다. 이 사진은 2005년 8월에 화성 탐사 로버 스피리트가 찍은 것이다.

COSMOS'S PICTURE FILES

소행성대에서 가장 큰 천체인 난쟁이 행성 케레스를 컴퓨터로 처리한 사진. 2015년 탐사선 돈호가 최초로 케레스 궤도에 진입했다.

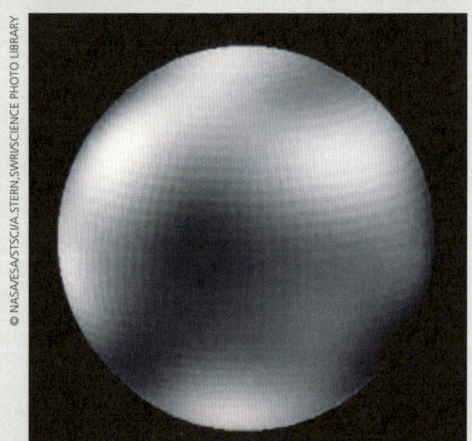

허블 우주 망원경에서 본 난쟁이 행성 명왕성을 컴퓨터로 처리한 사진.

난쟁이 행성 에리스를 컴퓨터로 처리한 사진. 에리스는 태양계에 있는 3개의 난쟁이 행성 가운데 가장 크고 가장 바깥쪽에 있다.

23장

"그만!"

조지는 악을 썼다.

"다른 강의는 사양하겠어! 난 시간이 없어. 지금 긴급 상황이라고, 코스모스!"

코스모스는 조지가 흥미를 보이지 않자 화가 난 것처럼 은하수 사진을 그 나선형 안으로 급격히 축소시켰다. 조지는 그 나선형이 정말 수많은 별로 이루어져 있다는 걸 알 수 있었다. 은하수 사진이 이들 별 옆을 휙휙 지나가다 마침내 더 이상 아무것도 없는 것처럼 보이는 곳에 다다랐다.

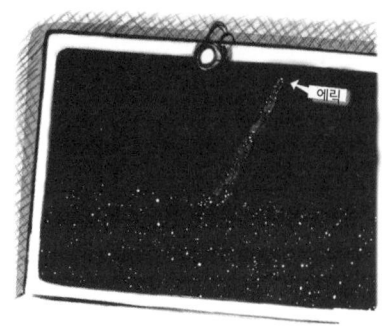

스크린이 마치 두 개로 잘려 있는 것처럼 보였다. 스크린의 아래쪽 절반은 별들로 가득 차 있고, 또 다른 쪽 절반은 스크린의 윗부분 가장자리 쪽을 향해 움직이는 가느다란 선 하나를 제외하고는 완전히 텅 비어 있었다. 스크린의 텅 빈 곳이 아직 알려지지 않은 우주의 한 부분인 것처럼 보였다.

작은 꼬리표가 달린 움직이는 화살표가 이 선의 위쪽을 향하고 있었다. 글씨가 너무 작아서 조지는 읽을 수가 없었다.

"뭐라고 쓰여 있는 거지?"

조지는 코스모스에게 물었다.

코스모스는 대답하지 않았다. 대신 꼬리표가 점점 커져 조지는 마침내 거기에 쓰여 있는 '에릭'이라는 글자를 볼 수 있었다.

"아저씨가 저기 있어! 문을 열어 줘! 저 화살표 근처로!"

조지는 코스모스의 자판에 있는 'Enter'를 누르면서 명령했다.

"조지는 탐구단의 멤버임. 권한을 부여받았음. 우주복이 필요함."

코스모스가 명령을 처리하는 데 사용하는 기계 목소리로 말했다.

조지는 우주복 더미를 뒤졌다. 그런데 웬일인지 전에 입었던 우주복이 보이지 않았다. 반면, 에릭의 낡은 우주복은 너무 컸다. 조지는 하는 수 없이 애니의 낡은 핑크빛 우주복을 입기로 했다.

몸에 꼭 끼어서 매우 우스꽝스러운 느낌이 들었지만, 우주에서 보게 될 사람은 에릭밖에 없으니 중요한 문제는 아니라고 생각했다. 조지가 작은 쇳조각으로 장식된 우주복의 쥠쇠를 채우자, 코스모스가 출입구를 우주 쪽으로 끌어당겼다.

조지는 앞으로 다가가 문을 열었다. 그리고 두 손으로 문틀을 꼭 잡고 두 발을 여전히 에릭의 서재 안에 고정시킨 채 주위를 둘러보려고 몸을 쭉 내밀었다. 이쪽 우주 공간은 전에 본 것과 상당히 비슷했지만, 이번에는 주위에 어떤 행성도 보이지 않았다. 코스모스의 스크린에 떠 있는, 두 개로 나누어진 이미지와도 전혀 달랐다. 곳곳에서 별들이 반짝이고 있었다. 그러나 에릭은 어디에도 보이지 않았다.

"에릭 아저씨!"

조지는 소리쳐 불렀다.

"에릭 아저씨! 제 말이 들리세요?"

그러나 여전히 아무 응답도 없었다.

어쩌면 조지는 잘못된 장소에 온 건지도 몰랐다.

조지는 다시 서재에 있는 코스모스의 스크린 쪽을 돌아보았다. '에릭'이라고 쓰인 화살표는 여전히 그 자리에 있었다. 그리고 그 옆에 '조지'라고 쓰인 새로운 화살표가 보였다. 순간, 조지는 자신이 출입구 밖에서 본 영상이 아직 코스모스의 스크린에 나타나 있지 않다는 사실을 깨달았다. 코스모스가 정보를 처리해야만 이

미지가 스크린에 나타날 수 있기 때문이다.

조지는 떨어지지 않도록 조심하면서 다시금 문밖으로 몸을 내밀었다.

"에릭 아저씨! 거기 계세요? 제 말이 들리세요?"

"오, 조지! 그래, 네가 보인다. 이제 그만 좀 소리쳐라, 귀 아파 죽겠으니까. 내가 네 왼쪽에서 너 있는 데로 곧장 가마."

왼쪽을 보니 우주 공간을 부드럽게 여행하고 있는 작은 소행성 하나가 있었다. 에릭은 그 소행성 위에 앉아서 암석에 찔러 넣은 대못에 연결된 밧줄을 한 손에 하나씩 붙잡고 있었다. 아주 편안해 보였다.

"그런데 너 지금 뭐 하고 있는 거니?"

에릭이 물었다.

"돌아오세요!"

조지는 다급하게 말했다.

"아저씨한테 그 편지를 보낸 사람은 바로 그리퍼예요! 제 잘못이에요! 제가 그리퍼한테 코스모스에 대해 말했거든요!"

"조지!"

에릭이 단호하게 대답했다.

"지금은 일하는 중이니까, 그 문제는 나중에 얘기하도록 하자. 넌 코스모스에 대해 어느 누구한테도 말하지 말았어야 했어. 문을 닫고 집으로 가라, 조지!"

"아저씨는 제 말이 무슨 뜻인지 이해 못하세요! 그리퍼는 무서운 사람이에요! 전 그 사람을 알아요! 우리 학교 선생님이란 말이에요! 이건 함정인 게 틀림없어요! 당장 돌아오세요! 제발요. 오늘 아침에 그 사람이 저한테 아저씨가 사라졌는지 어떤지 물었다고요!"

"그만하면 됐다! 이제 터무니없는 소리는 그만둬! 주위를 둘러봐라. 위험한 게 전혀 없잖니."

에릭이 성마르게 말했다.

"자, 이제 집으로 돌아가! 그리고 코스모스에 대해서는 잊어버

려라. 너한테 내 컴퓨터를 절대 보여 주지 말았어야 한다는 생각이 드는구나."

조지는 에릭이 앉아 있는 소행성을 바라보았다. 잠시 후, 그 소행성이 조지가 뛰어오를 수 있을 만큼 가까워졌다. 조지는 서재 안으로 몇 발짝 물러선 다음 잠시 멈췄다가 출입구를 향해 힘껏 달려갔다. 그리고 소행성 쪽으로 펄쩍 뛰어올랐다.

"어이쿠! 이 녀석이 대체 어쩌려고 이러는 거야."

에릭이 말하는 소리가 들렸다.

"조지! 내 손을 잡아!"

24장

우주 공간을 날아가는 동안, 조지는 에릭의 손을 간신히 붙잡고 있었다. 에릭이 조지를 소행성 위로 끌어 올려 옆에 앉혔다. 그들 뒤에서 에릭의 서재로 들어가는 출입구가 사라졌다.

"조지, 너 정신이 나갔니?! 내가 손을 잡지 못했다면, 넌 우주 공간으로 영원히 사라졌을 수도 있어!"

에릭이 엄청 화가 난 목소리로 말했다.

"하지만……."

에릭이 조지의 말을 가로막았다.

"잔말 마! 너를 다시 돌려보내야겠다! 당장!"

"안 돼요!"

조지는 소리쳤다.

"제 말 좀 들어보세요! 이건 정말로 중요하다고요!"

"뭔데?"

에릭이 조지의 목소리에서 문득 뭔가 잘못되었다는 것을 깨닫고 물었다.

"아저씨는 저랑 같이 돌아가셔야 해요!"

조지는 떠듬거리며 말했다.

"정말로, 정말로 죄송한데요, 모든 게 다 제 잘못이에요. 제가 학교 선생님한테 코스모스에 대해 말했단 말이에요. 제가 그리퍼, 아니 리퍼 선생님한테 그 말을 했는데, 그러고 나서 그 선생님이 아저씨한테 그 행성에 대한 편지를 보낸 거라고요!"

에릭이 뭐라 입을 열기도 전에 조지는 계속 말을 이었다.

"그리고 오늘 아침에 그 선생님이 아저씨가 사라졌는지 저한테 물었어요! 리퍼 선생님이요! 정말이에요! 이건 함정이에요, 에릭 아저씨! 그 선생님이 아저씨를 해치려는 거예요!"

"그리퍼…… 리퍼! 이제야 알겠군! 그러니까, 그 편지를 그레이엄이 보낸 거란 말이지! 그 친구가 나를 다시 찾았군."

"그레이엄이라뇨?"

조지는 깜짝 놀라서 물었다.

"그래, 그레이엄 리퍼."

에릭이 침착하게 대답했다.

"우린 그를 그림이라고 부르곤 했지."

"그 사람을 아세요?"

놀란 조지는 우주 헬멧을 쓴 채로 입을 쩍 벌렸다.

"그럼, 알고말고. 우린 아주, 아주 오래전에 함께 일했단다. 하지만 논쟁을 벌이다 그만 끔찍한 사고가 일어났지. 리퍼는 매우 심한 화상을 입었고, 그 뒤 홀연히 사라졌단다. 우린 그 친구가 과학 탐구단의 멤버가 되는 걸 막았지. 그 이유는 그 친구가 몰두하던 연구가 너무 위험했기 때문이야. 그 친구가 나한테 보낸 편지에 뭐라고 썼는지 봤니?"

"네."

조지는 에릭이 작별 인사도 하지 않고 떠났던 걸 떠올리며 말했다.

"그냥 또 하나의 행성이라고 하지 않았나요?"

"그냥 또 하나의 행성이라고? 조지, 농담하지 마라! 그레이엄이 나한테 말한 행성은 인간이 살 수 있는 곳이야! 난 그런 행성을 아주 오랫동안 찾아다녔어. 그런데 그게 정말로 존재

한다니!"

에릭이 앞에 있는 두 개의 작은 점을 손으로 가리켰다. 하나는 크고 밝았으며, 또 하나는 좀 더 작고 그다지 밝지 않았다.

"그게 바로 저기에 있어! 저기 있는 커다랗고 밝은 점은 모성이고, 더 작은 점이 우리가 지금 가고 있는 행성이야. 저건 스스로 빛을 내지는 않아. 그냥 저 모성의 빛을 반사할 뿐이지. 우리의 달이 밤에 태양의 빛을 반사하는 것처럼 말이야."

"하지만 그리퍼 선생님은 잔인하다고요!"

조지가 말했다. 조지는 에릭과 코스모스가 왜 항상 위험한 순간에 강연을 늘어놓는 건지 정말로 이해할 수가 없었다.

"그 사람은 절대로 아저씨한테 그런 행성의 좌표를 알려 주지 않았을 거예요! 함정이 있는 게 틀림없어요."

"오, 제발, 조지. 난 내가 원하기만 하면 언제든 코스모스한테 출입구를 열게 하고, 우리를 다시 데려가게 할 수 있어. 우리는 아주 안전해. 네 선생님과 내가 과거에 견해 차이가 있었던 건 사실이야. 하지만 내 생각엔 그 친구가 이제 그런 일은 잊고 우주를 탐험하고 이해하기 위해 애쓰는 우리의 노력에 참여하기로 결심한 것 같구나. 그리고 내가 우리 헬멧에 새로운 안테나를 장착했단다. 그래서 이젠 안테나에 손상이 가더라도 코스모스와 통신할 수가 있어."

"왜 코스모스한테 그냥 저기로 곧장 보내 달라고 하지 않으셨어요? 그냥 그렇게 해 달라고 해요. 아니면, 아저씨 서재로 그냥 돌아가든가."

"저기로 곧장 갈 수는 없단다. 코스모스는 우리 앞에 뭐가 있는지 모르고, 컴퓨터가 알 수 없는 곳으로 가는 게 바로 내 일이거든. 내가 가 본 곳이라야 코스모스를 이용해서 다시 그곳에 갈 수 있단 얘기지. 네가 여기 있는 나를 찾기 위해 했던 것처럼 말이야. 하지만 처음 갈 땐 항상 내가 직접 가야 해."

"정말 안전하다고 확신하세요?"

조지가 물었다.

"물론이지."

에릭이 자신 있게 대답했다.

조지와 에릭은 잠시 침묵했다. 에릭의 확신에 조지는 기분이 조금 나아지기 시작했다. 리퍼에 대한 생각은 잊고, 자기가 있는 곳이 어디인지 보려고 주위를 둘러보았다. 에릭에게 위험을 알리는 데 신경을 쓰느라 조지는 자신이 우주의 어떤 암석 위에 앉아 있다는 사실을 까맣게 잊고 있었다!

다행히 사방이 똑똑히 보이고 모든 게 고요했다. 그들이 타고 있는 암석이 다가갈수록 그 행성을 갖고 있는 별의 모습이 점점 더 커졌다.

그러나 얼마 지나지 않아 암석의 경로가 바뀌기 시작했다. 예전에 조지가 탔던 혜성이 거대한 행성들과 지구를 지나가면서 방향을 바꿨던 것처럼, 그들이 타고 있는 암석도 경로를 바꾸고 있는 것 같았다. 하지만 그때와 달리 이번엔 주위에 어떤 행성도 없는 것 같았다. 암석은 이제 에릭이 그토록 보고 싶어 하는 그 행성과 완전히 다른 방향으로 가고 있었다.

"어떻게 된 거죠?"

조지가 에릭에게 물었다.

"글쎄, 나도 모르겠구나."

에릭이 대답했다.

"조지, 주위를 둘러보고, 별이 없는 장소가 보이는지 알려다오! 그리고 코스모스, 만일의 경우를 대비해 출입구를 열도록 해."

그러나 가까운 곳 어디에서도 출입구가 나타나지 않았다. 아마 코스모스가 에릭의 명령을 듣지 못한 것 같았다.

조지와 에릭은 암석이 향하고 있는 방향을 바라보았다. 오른쪽을 제외하고 주위엔 온통 별들로 가득했다. 그 오른쪽 하늘에 별이 전혀 없는 작은 공간이 보였는데, 그 부분이 계속해서 점점 더 커지고 있었다.

"저기요!"

조지는 점점 커지는 어두운 부분을 가리키며 에릭에게 소리쳤다. 그 주위의 별들이 매우 이상한 방식으로 움직이고 있었다. 마치 우주 공간 자체가 그것에 의해 비틀리고 있는 듯했다.

"오, 이럴 수가!"

에릭이 소리쳤다.

"코스모스, 당장 출입구를 열어! 당장!"

하지만 출입구는 나타나지 않았다.

"무슨 일이죠?"

조지는 겁이 나서 물었다.

그 어두운 지역은 이제 그들이 바라보는 공간의 절반 이상을 덮고 있었다. 그 공간 바깥쪽에 있는 모든 별들이 뒤로 밀려 떨어져 있음에도 불구하고 불규칙하게 움직였다.

"코스모스!"

에릭이 또다시 소리쳤다.

"애-쓰-고 있어요……."

코스모스가 들릴 듯 말 듯한 목소리로 응답했다. 하지만 여전히 아무 일도 일어나지 않았다.

조지는 현기증이 나기 시작했다. 그들 앞에 있는 어두운 지역

이 어마어마하게 커지고 있었다. 주위에 있는 모든 우주 공간이 뒤틀리고, 그들의 왼쪽과 오른쪽에 어두운 부분이 일부 나타나기 시작했다. 조지는 완전히 방향 감각을 잃고 말았다. 확실히 알 수 있는 것은 그 어두운 부분이 그들을 집어삼킬 듯이 사방에서 점점 더 커지고 있다는 사실뿐이었다.

"코스모스! 서둘러!"

에릭이 소리쳤다.

그들 앞에 아주 희미한 출입구 하나가 나타나기 시작했다. 에릭이 조지의 우주복 벨트를 잡고 출입구 쪽으로 힘껏 던졌다. 조지는 날아가면서, 에릭이 출입구 쪽으로 오려고 애쓰는 모습을 보았다. 에릭이 뭐라고 소리쳤다. 하지만 목소리가 뒤틀려서 무슨 말을 하는 건지 잘 알아들을 수가 없었다.

에릭의 서재 마룻바닥에 떨어지기 직전, 조지는 그 어두운 부분이 에릭을 완전히 집어삼키는 것을 보았다. 그리고 그제야 에릭이 무슨 말을 했는지 깨달았다.

"나의 새 책을 찾아!"

에릭은 이렇게 말한 게 분명했다.

"블랙홀에 관한 나의 책을 찾아!"

25장

 조지는 서재 마룻바닥에 떨어졌다. 이번 우주여행은 모든 기운을 소진시켜 버릴 만큼 힘들었다. 조지는 숨이 차서 잠시 마룻바닥에 누워 있은 후에야 간신히 일어날 수 있었다. 그러면서 에릭이 자기를 따라 출입구로 들어오길 간절히 기다렸다. 그러나 흔들리는 문의 윤곽만 겨우 보일 뿐이었다.
 문은 이제 점점 더 희미해지고 있었다. 조지는 에릭을 힘껏 소리쳐 불렀다. 하지만 아무 응답도 없었다. 잠시 뒤, 문이 완전히 사라졌다.
 "코스모스!"
 조지가 외쳤다.
 "얼른! 코스모스, 빨리……."
 그러나 그 위대한 컴퓨터를 향해 홱 돌아선 순간, 조지는 두 번째로 큰 충격에 휩싸였다. 코스모스가 있어야 할 자리는 텅 비었

고, 여러 가지 색깔의 전선들만 스파게티처럼 뒤엉켜 있었다. 방을 미친 듯이 둘러보던 조지는 서재 문이 조금 열려 있는 것을 발견했다. 얼른 복도로 뛰어나가 밖을 살펴보았다. 현관문이 활짝 열려 있고, 차가운 밤공기가 쌩쌩 들어왔다. 조지는 우주복을 벗을 겨를도 없이 쏜살같이 거리로 달려 나갔다. 저만치 길을 따라 걷는 네 소년의 형체가 보였다. 그들 중 하나는 전선 몇 개가 위로 삐죽이 튀어나온 커다란 배낭을 메고 있었다.

조지는 무거운 우주복을 입은 채 가능한 한 빨리 그들 뒤를 허둥지둥 따라갔다. 비틀거리며 걸어가는 동안, 귀에 익은 목소리들이 바람을 타고 들려왔다.

"야, 그거 조심해서 다뤄."

링고의 목소리였다.

"삑! 삑!"

배낭에서 이상한 소리가 흘러나왔다.

"불법 행동! 승인되지 않은 명령!"

"언제쯤 되어야 이게 입을 다물지?"

탱크가 배낭을 메고 가면서 큰 소리로 말했다.

"어떻게 플러그를 꽂지 않았는데도 말을 할 수 있는 거야?"

"도와주세요! 도와주세요!"

배낭에서 기계음이 흘러나왔다.

"저는 납치를 당했어요! 저는 세상에서 가장 위대한 컴퓨터입니다! 너희는 나한테 이런 짓을 할 수 없어! 경고! 경고!"

"금방 배터리가 나갈 거야."

위펫이 말했다.

"날 놔 줘, 이 악당들아!"

배낭 속에서 목소리가 말했다.

"이런 흔들림은 내 회로에 좋지 않단 말이야."

"난 더 이상 이거 못 메고 가겠어."

탱크가 불평하면서 갑자기 걸음을 멈추었다. 조지도 따라가다 말고 걸음을 멈추었다.

"누가 좀 들도록 해."

탱크가 말했다.

"좋아."

링고가 험악한 목소리로 말했다.

"이리 내. 잘 들어, 이놈의 컴퓨터야. 지금부터 입 다물지 않으면 너를 박살 내 버릴 테니까, 알아서 해."

"흥!"

컴퓨터가 콧방귀를 뀌었다.

"내 말 알아들었어?"

링고가 사나운 어조로 으름장을 놓았다.

"물론 이해했지."

컴퓨터가 건방지게 말했다.

"나는 코스모스거든. 세상에서 가장 위대한 컴퓨터 말이야. 나

는 너희의 머리가 터져 버릴 정도로 복잡한 개념들을 이해할 수 있도록 프로그램되어…….”

"내가 입 닥치라고 했지!"

링고가 배낭을 열고 코스모스를 보며 고함을 질렀다.

"입 닥치라는 말 단 두 마디도 이해 못하면서 무슨 잔소리야, 이 멍청아!"

"나는 평화로운 컴퓨터야."

코스모스가 작은 목소리로 대답했다.

"나는 위협이나 폭력에 익숙하지 않아."

"그럼 조용히 해."

링고가 말했다.

"그러면 위협하지 않을 테니까."

"날 어디로 데려가는 거지?"

코스모스가 작은 소리로 물었다.

"너의 새로운 집으로."

링고가 배낭을 어깨에 걸머지면서 말했다.

"얘들아, 어서 가자."

녀석들이 다시 달리기 시작했다.

조지는 가능한 한 빨리 쫓아가려 했지만 따라잡을 수가 없었다. 잠시 뒤, 안개 낀 어두운 밤길에서 조지는 녀석들을 놓치고 말았다. 더 이상 달려 봤자 소용이 없었다. 녀석들이 어디로 갔는지

알 수가 없었다.

하지만 조지는 링고와 그의 패거리에게 에릭의 집에 침입해 코스모스를 훔치도록 시킨 사람이 누구인지 알 것 같았다. 코스모스를 다시 찾으려면 그걸 확인하는 게 급선무였다.

조지는 돌아서서 다시 에릭의 집을 향해 걸어갔다. 현관문은 여전히 활짝 열려 있었다. 안으로 들어간 조지는 곧장 에릭의 서재로 향했다. 에릭은 조지에게 책을 찾으라고 말했다. 하지만 대체 이 많은 책 중에서 어느 책이란 말인가?

서재는 바닥부터 천장까지 온갖 책으로 가득 차 있었다. 조지는 크고 두꺼운 책 하나를 꺼내 표지를 바라보았다. 《유클리드의 양자 중력》이라고 쓰여 있었다. 책장을 획획 넘기며 조금 읽어 보았다.

'……사건의 지평선에서는 지연 시간 좌표가 무한히 가기 때문에, 그 해(解)의 일정한 위상의 표면들이 사건의 지평선 부근에 쌓일 것이다.'

도통 무슨 말인지 이해가 되지 않았다. 조지는 또 다른 책을 꺼내 들었다. 이번엔 《통합 끈 이론》이라는 책이었다. 조지는 그 책의 한 줄을 읽었다. '등각……의 공식은…….'

무슨 뜻인지 이해해 보려고 애를 썼지만 머리만 지끈지끈 아팠다. 결국 아직 올바른 책을 찾지 못한 거라고 조지는 생각했다. 계속해서 서재를 둘러보았다. 에릭은 책을 찾으라고 말했다. 자신의 새 책을 찾으라고. 조지는 서재 한복판에 서서 골똘히 생각했다. 코스모스도, 에릭도, 애니도 없으니 집 안이 완전히 텅 빈 것만 같았다. 조지와 그들을 연결시키는 고리라고는 이제 핑크빛 우주복과 뒤엉킨 전선 몇 가닥과 엄청나게 쌓여 있는 과학책 더미뿐이었다.

갑자기 조지는 가슴에 뻐근한 통증이 느껴질 만큼 그들 모두가 몹시 그리웠다. 만약 자신이 아무 일도 하지 않는다면, 그들을 다시는 못 볼 것 같았다. 코스모스는 도난당했고, 에릭은 블랙홀과 싸우고 있다. 게다가 애니는 자기 아빠가 우주 공간에서 영원히 사라지게 된 게 조지 때문일 거라고 생각할 것이다. 그러면 분명 조지에게 두 번 다시 말을 걸지도 않을 것이다.

조지는 뭐든 생각해 내려고 온 정신을 집중했다. 에릭이 자신의 새로운 책을 손에 들고 있는 모습을 상상해 보려고 애썼다. 제목이 무엇인지 알 수 있도록 그 책의 앞표지를 마음속에 그려보려고 애썼다. 아저씨가 그 책을 어디에 두었을까? 그때 문득 어떤 생각이 떠올랐다. 조지는 부엌으로 달려가 찻주전자 옆에, 차 얼룩과 동그란 머그잔 자국이 있던 곳을 보았다. 아니나 다를까, 그 자리에 《블랙홀》이라는 새 책이 놓여 있었다. 그 책이 에릭이 직접 쓴 것이라는 사실을 조지는 깨달았다! 책에는 애니의 필체로 '돼지 프레디가 가장 좋아하는 책!'이라고 쓰여 있고, 글씨 옆에는 프레디를 그린 작은 그림이 그려져 있었다.

'바로 이거야!'

조지는 생각했다.

'이게 바로 프레디가 서재로 사납게 돌진해 들어갔을 때 에릭 아저씨가 발견하고 그렇게 기뻐했던, 바로 그 새 책이 틀림없어! 이 책이 분명해.'

조지에게는 에릭의 집에서 필요한 게 한 가지 더 있었다. 바로 엄청 커다란 또 다른 책이었다. 조지는 전화기 옆에 있는 그 책을 홱 낚아챈 다음, 애니의 핑크빛 우주복을 벗었다. 그리고 학교 가방 안에 책 두 권을 쑤셔 넣고, 에릭의 집 현관문을 조심스럽게 닫고 밖으로 나와 집으로 향했다.

그날 저녁, 조지는 허겁지겁 밥을 먹고는 숙제할 게 엄청 많다면서 2층에 있는 자기 방으로 쏜살같이 올라갔다. 우선 가방에서 커다란 책을 꺼냈다. 표지에는 '전화번호부'라고 쓰여 있었다. 조지의 집엔 전화가 없으니, 당연히 전화번호부도 없었다. 그래서 에릭의 집에서 가져온 것이다.

조지는 알파벳순으로 되어 있는 목록에서 'R'를 찾았다. 그리고 길게 늘어선 이름들을 손가락으로 죽 훑어 내려가다 'REEPER, DR G., 42 포리스트 웨이'에서 멈추었다. 조지는 포리스트 웨이를 알고 있었다. 부모님이 지난가을 버섯과 블랙베리를 따기 위해 조지를 어떤 마을로 데려간 적이 있는데, 그 마을 밖의 숲으로 이어진 길이 바로 포리스트 웨이였다.

하지만 오늘 밤에는 그곳에 갈 수 없을 거라고 생각했다. 그러기엔 시간이 너무 늦었고, 부모님은 이런 시간에 결코 외출을 허락하지 않을 것이기 때문이다. 게다가 《블랙홀》이라는 책도 읽어야 했다. 어쨌든 내일 아침에는 학교 가는 길에 리퍼 선생님 집에 가장 먼저 들러야 한다. 그리고 그때까지 계획을 완벽하게 세워놓아야 한다.

조지는 전화번호부를 내려놓고 에릭을 구하는 데 꼭 필요한 정보를 얻게 되길 간절히 바라며 가방에서 《블랙홀》을 꺼냈다. 에릭을 떠올릴 때마다—대략 3분마다—끔찍한 생각이 들었다. 블랙홀이 그 검고 탐욕스러운 뱃속으로 에릭을 끌어당기는 모습이, 어찌할 바를 모르고 우주 공간에서 홀로 겁에 질려 있는 에릭의 모습이 머리를 어지럽혔다.

조지는 책을 펼치고 첫 페이지의 첫 문장을 읽었다. '우리는 모두 시궁창 속에 빠져 있지만, 그중 몇몇은 별을 쳐다보고 있다.' 아일랜드의 작가 오스카 와일드의 말을 인용한 것이었다.

조지는 왠지 그 문장이 특별히 자신을 위해 쓰인 것 같은 생각이 들었다. 자신은 정말로 시궁창 속에 빠져 있고, 사람들 중 몇몇은 별을 쳐다보고 있을 테니 말이다. 조지는 계속 읽었지만 이해할 수 있는 부분은 그 첫 번째 문장밖에 없었다. 다음 문장은 이러했다. '1916년, 카를 슈바르츠실트는 아인슈타인의 방정식에 대한 최초의 분석적인 블랙홀의 해를 발견했다……'

아아아! 조지는 신음 소리를 냈다. 다시 생전 처음 보는 생소한 말이 이어졌다. 에릭은 왜 이런 책을 찾으라고 한 걸까? 조지는 도무지 이해할 수 없었다. 에릭이 이런 걸 쓰다니! 에릭은 과학에 대해 설명할 때마다 정말 쉽게 얘기해 주지 않았던가. 정말 이해하기 쉽게 말이다. 조지의 눈에 눈물이 그렁그렁 맺혔다. 코스모스와 애니와 에릭을 실망시켜서 가슴이 아팠다. 한 손에 책을 든 채 침대에 누워 있는데, 뜨거운 눈물이 두 볼을 타고 흘러내렸다. 그때 똑똑 문을 두드리는 소리가 나더니, 조지의 엄마 데이지가 들어왔다.

"조지, 얼굴이 창백해 보이는구나. 어디 아프니?"

"아뇨, 엄마."

조지는 슬프게 말했다.

"그냥 숙제가 너무 어려워서 그래요."

그리고 자기도 모르게 책을 바닥에 툭 떨어뜨렸다.

"그럴 만도 하겠다!"

데이지는 마룻바닥에서 《블랙홀》을 집어 들더니 죽 훑어보았다.

"전문 연구자들도 이해하기 힘든 교재로구나! 이건 말도 안 되는 일이라고, 학교에 당장 편지를 써서 항의해야겠다."

데이지가 말하는 동안, 그 책 뒤에서 종이 몇 개가 팔랑거리며 떨어졌다.

"이런!"

데이지가 종이를 모으면서 말했다.

"엄마가 네가 쓴 메모를 떨어뜨렸구나."

"그건……."

조지는 '제가 쓴 게 아니에요.'라고 말하려다 멈추었다. 그 종이들 중 하나에 이런 글이 쓰여 있는 게 보였기 때문이다.

'애니와 조지가 이해할 수 있도록 단순화시킨 나의 어려운 책.'

"고마워요, 엄마."

조지는 그 종이들을 낚아채면서 얼른 말했다.

"저한테 필요한 부분을 엄마가 찾아주셨어요. 전 이제 괜찮아요."
"정말이니?"
데이지가 약간 놀란 표정으로 물었다.
"네, 엄마."
조지는 고개를 크게 끄덕였다.
"엄마는 별이에요. 고마워요."
"별?"
데이지는 미소를 지었다.
"듣기에 나쁘진 않구나, 조지."
"아니에요, 정말이에요."

조지는 진심으로 말했다. 문득 모든 사람은 별의 자식이라고 했던 에릭의 말이 떠올랐다.

"엄만 정말 별이에요."
"그래. 그럼, 공부 너무 열심히 하지 마라, 나의 작은 별."

데이지가 조지의 이마에 입을 맞추었다. 그리고 웃음을 되찾은 아들 때문에 훨씬 더 큰 행복감을 느끼며 렌틸콩 케이크를 하나 더 굽기 위해 아래층으로 내려갔다.

엄마가 나가자마자, 조지는 침대에서 펄쩍 뛰어내렸다. 그리고 《블랙홀》 뒤에서 떨어진 종잇조각을 모두 주웠다. 종이들은 거미가 기어가는 것 같은 필체와 이런저런 낙서 그리고 페이지 번호로 뒤덮여 있었다. 조지는 천천히 읽기 시작했다.

26장

〈애니와 조지가 이해할 수 있도록 단순화시킨 나의 어려운 책〉
(3판)은 이렇게 시작되었다.

〈블랙홀에 대해서 꼭 알아야 할 것〉

1. 블랙홀이란 무엇일까?
2. 블랙홀은 어떻게 만들어질까?
3. 블랙홀은 어떻게 볼 수 있을까?
4. 블랙홀 안으로 떨어지기
5. 블랙홀 밖으로 나오기

✦ 잊지 말아야 할 일

안경
꼭 고치기!

1. 블랙홀이란 무엇일까?

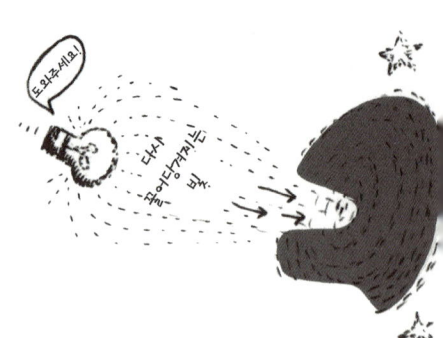

블랙홀은 빠져나가려고 하는 빛을 다시 끌어당길 정도로 중력이 강한 지역이다. 빛보다 빨리 움직일 수 있는 것은 없기 때문에, 그 밖의 다른 모든 것을 끌어당긴다. 따라서 블랙홀 안으로 떨어지면 다시는 밖으로 나올 수 없다. 블랙홀은 항상 도망갈 길 없는 완벽한 감옥으로 생각되어 왔다. 블랙홀 안으로 떨어지는 것은 나이아가라 폭포 너머로 떨어지는 것과 같다. 처음에 들어갔던 길로 다시 나오는 것은 불가능하다.

블랙홀의 가장자리는 '사건의 지평선'이라고 불린다. 그것은 폭포의 가장자리와 같다. 만약 그 가장자리 위쪽에 있다면 노를 재빨리 저어야만 벗어날 수 있다. 그러나 일단 가장자리를 넘어가면 죽은 목숨이나 다름없다.

끝장이다!

넘어가면

점점 더 빨리 끌어당겨진다.

블랙홀은 그 안으로 많은 것이 떨어질수록 점점 더 커져서 사건의 지평선이 더 바깥쪽으로 이동한다. 그것은 마치 돼지에게 먹이를 주는 것과 같다. 먹이를 많이 먹일수록 돼지는 점점 더 뚱뚱해진다.

꿀꺽
점점 더 커진다.

모든 것이 작은 공간 안으로 들어간다.

2. 블랙홀은 어떻게 만들어질까?

블랙홀을 만들기 위해서는 엄청나게 많은 양의 물질을 아주 작은 공간 속으로 밀어 넣어야한다. 그러면 중력의 인력이 빛이 빠져나오지 못하고 다시 끌어당겨질 정도로 강해질 것이다.

일방통행 블랙홀은 연료를 다 태워 버린 별이 거대한 수소 폭탄처럼 폭발할때 만들어진다. 초신성이라고 불리는 이 폭발은 별의 바깥 부분을 밀어내 팽창하는 거대한 가스 껍데기로 만들고, 나머지 안쪽 부분은 중심을 향해 수축하도록 한다. 별이 만약 우리의 태양보다 몇 배 더 무겁다면 중심부에서 블랙홀이 만들어질 것이다.

훨씬 더 많은 블랙홀은 성단 내부에서 그리고 은하의 중심에서 만들어진다. 이들 지역은 보통 별뿐만 아니라 블랙홀과 중성자별도 포함할 것이다. 다른 천체들과의 충돌은 근처로 가까이 오는 것은 무엇이든 삼켜 버리는 블랙홀을 점점 더 크게 만들 것이다. 우리의 은하인 은하수는 그 중심에 우리 태양질량의 수백만 배나 되는 블랙홀을 갖고 있다.

중성자별

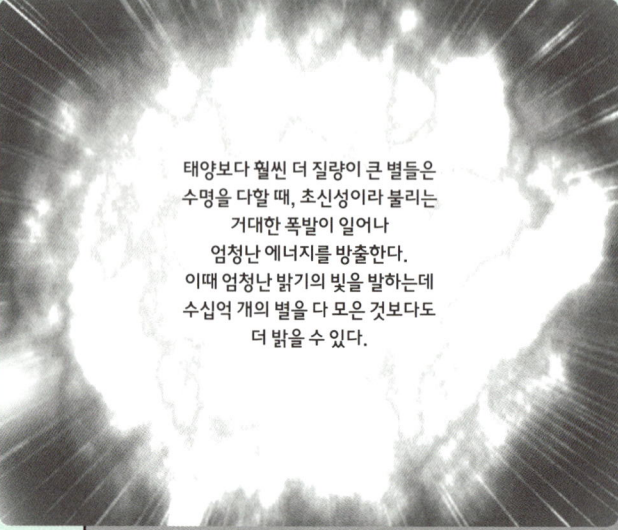

태양보다 훨씬 더 질량이 큰 별들은 수명을 다할 때, 초신성이라 불리는 거대한 폭발이 일어나 엄청난 에너지를 방출한다. 이때 엄청난 밝기의 빛을 발하는데 수십억 개의 별을 다 모은 것보다도 더 밝을 수 있다.

✸ 그러나 때로 그러한 폭발로 모든 게 방출되지는 않는다. 때로 그 별의 핵은 여전히 하나의 천체로 남아 있을 수 있다. 초신성 폭발 뒤, 이 잔해는 매우 뜨거워서 섭씨 100,000도 정도가 되지만 그것을 계속 뜨겁게 유지해 주는 데 필요한 핵반응은 더 이상 일어나지 않는다.

✸ 어떤 잔해들은 굉장히 무거워서 자체의 중력으로 스스로 수축해서 수십 킬로미터 지름의 크기로 오그라들기도 한다. 이런 일이 일어나기 위해서는, 이 잔해들이 태양 질량의 1.4~2.1배 되는 질량을 가져야만 한다.

 이러한 천체들의 내부 압력은 굉장히 강해서 내부는 액체가 되고, 그 주위를 약 1.6킬로미터 두께의 단단한 지각이 에워싸고 있다. 이 액체는 보통 원자의 핵 안에 남아 있는 중성자라는 입자로 이루어져 있어서 이들 천체를 중성자별이라고 부른다.

 중성자별 안에는 다른 입자들도 있지만, 거의 대부분이 중성자로 이루어져 있다. 우리의 현재 기술로는 지구상에서 그러한 액체를 만들 수 없다.

우리의 태양 같은 별은 초신성 폭발을 일으키지 않고 적색 거성이 되는데, 적색 거성의 잔해는 그 자체의 중력으로 수축할 만큼 충분한 질량을 갖고 있지 않다. 이들을 백색 왜성이라고 부른다. 백색 왜성은 수십억 년에 걸쳐 냉각되며 마침내 더 이상 빛을 내지 못한다.

많은 중성자별이 현대의 망원경으로 관측되었다. 별의 중심은 별 내부에서 만들어진 가장 무거운 원소들(철 같은)로 이루어져 있기 때문에, 백색 왜성은 아주 작을지라도(지구 크기만큼) 매우 무겁다(태양의 질량만큼).

태양 질량의 1.4배가 안 되는 별의 잔해는 백색 왜성이 된다. 태양 질량의 1.4배~2.1배 사이에 있는 초신성 잔해는 중성자별이 된다. 태양 질량의 2.1배보다 더 무거운 잔해는 수축을 결코 멈추지 않으며 결국 블랙홀이 된다.

3.
블랙홀은 어떻게 볼 수 있을까?

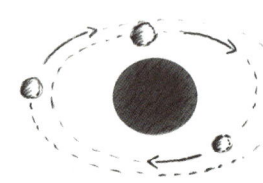

대답은 '볼 수 없다.'이다. 왜냐하면 블랙홀 밖으로는 빛이 전혀 나올 수 없기 때문이다. 그것은 캄캄한 지하실에서 검은 고양이를 찾는 것과 같다. 그러나 중력이 다른 물체들을 끌어당기는 방식으로 블랙홀을 탐지할 수는 있다. 만약 어떤 별이 보이지 않는 무언가를 중심으로 돌고 있는 것이 보인다면, 거기에 블랙홀이 있다는 것을 알 수 있다.

또한 가스와 먼지로 이루어진 원반(disc) 모양이 보이지 않는 어떤 천체를 중심으로 돌고 있는 것이 보인다면, 그 역시 그곳에 블랙홀이 있다는 증거이다.

4.
블랙홀 안으로 떨어지기

당신은 태양 속으로 떨어질 수 있는 것처럼 블랙홀 속으로도 떨어질 수 있다. 만약 발이 먼저 떨어진다면 당신의 발이 머리보다 블랙홀에 더 가까워질 테고, 블랙홀의 중력에 의해 더 세게 잡아당겨질 것이다. 따라서 당신은 세로로 길게 잡아 늘여지고 옆으로는 납작하게 찌부라질 것이다.

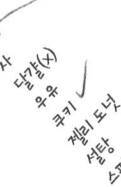

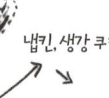

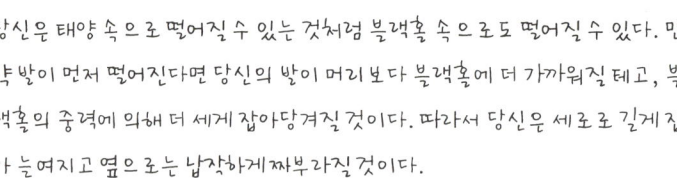

보통 우주비행사

블랙홀

이렇게 잡아 늘여지고 짓눌리는 정도가 약할수록 블랙홀은 크다. 당신이 만약 우리 태양 크기의 단 몇 배 정도 되는 크기로 만들어진 블랙홀 안으로 떨어진다면, 블랙홀에 닿기도 전에 갈기갈기 찢어져서 스파게티가 되고 말 것이다.

그러나 당신이 만약 훨씬 더 큰 블랙홀 안으로 떨어진다면, 어떤 특별한 점도 알아차리지 못하고 사건의 지평선—블랙홀의 가장자리이자 돌아올 수 없는 지점—을 지나갈 것이다. 하지만 당신이 떨어지는 모습을 먼 거리에서 지켜보는 사람은, 중력이 블랙홀 근처에서 시간과 공간을 뒤틀리게 하기 때문에, 사건의 지평선을 가로지르는 당신의 모습을 보지 못할 것이다. 그들에게는 당신이 사건의 지평선에 다가가면서 점점 희미해지는 동안 당신의 속도가 점점 더 늦춰지는 것처럼 보일 것이다. 당신이 점점 더 희미해지는 까닭은 당신이 보내는 빛이 블랙홀에서 벗어나는 데 점점 더 오랜 시간이 걸리기 때문이다. 당신이 만약 당신이 차고 있는 손목시계가 정각 11시를 가리킬 때 지평선을 가로지른다면, 당신을 보고 있는 사람은 그 시계가 늦어지는 것은 볼 수 있어도 11시가 되는 것은 결코 보지 못할 것이다.

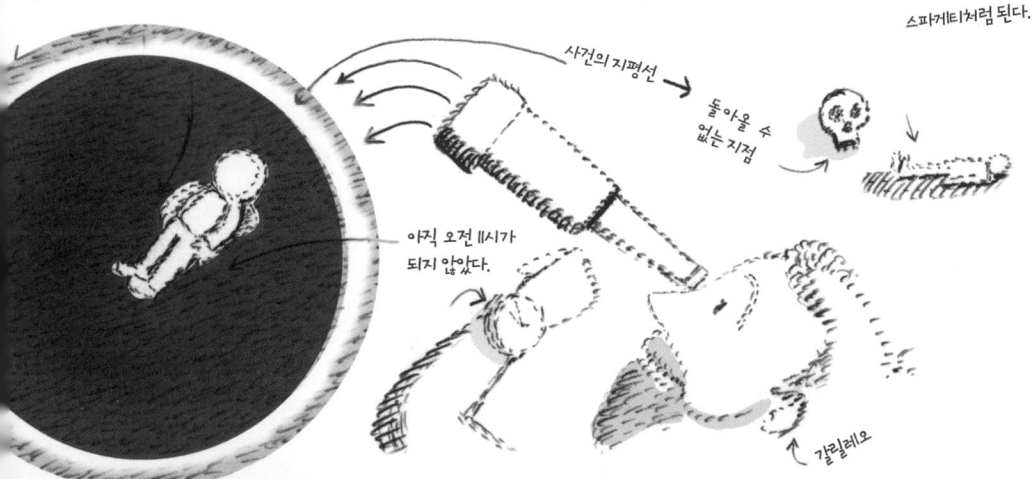

5.
블랙홀 밖으로 나오기

그동안 사람들은 아무것도 블랙홀 밖으로 빠져나올 수 없을 거라고 생각했다. 블랙홀이라고 이름 붙여진 까닭도 바로 그 때문이다. 블랙홀 안으로 떨어지는 것은 영원히 사라지는 거라고 생각했다. 그리고 블랙홀은 시간이 끝날 때까지 지속될 거라고 생각되었다. 블랙홀은 빠져나올 희망이 전혀 없는 영원한 감옥이었다.

실종

죽을 운명

그러나 시간이 흘러 이런 생각들이 옳지 않다는 사실이 밝혀졌다. 공간과 시간의 미세한 파동들은 블랙홀이 한때 생각되었던 대로 완벽한 함정일 수 없다는 것을 의미한다. 그렇기는커녕 블랙홀은 호킹 복사(양자 역학적 효과로 인해 블랙홀이 방출한 것으로 예측되는 열복사—옮긴이)의 형태로 입자들을 서서히 누출시킬 것이다. 누출률이 느릴수록 블랙홀이 크다.

뽕!

큰 블랙홀은 천천히 증발한다.

블랙홀이 작을수록 더 빨리 증발한다.

호킹 복사는 블랙홀을 점차 사라지게 할 것이다. 증발률은 처음에는 매우 느리지만 블랙홀이 작아질수록 점점 더 가속될 것이다. 그리고 마침내 수십억의 수십억 년 뒤에는 블랙홀이 사라질 것이다. 따라서 블랙홀은 결코 영원한 감옥이 아니다. 그렇다면 그런 블랙홀 안에 갇혀 있는 죄수들—블랙홀을 만들거나 혹은 나중에 그 안으로 떨어진 것들—은 어떻게 될까? 그것들은 에너지와 입자로 재활용될 것이다. 그러나 블랙홀에서 나오는 것을 조심스럽게 살펴본다면, 그 안에 있는 것을 재구성할 수 있다. 따라서 블랙홀 안으로 떨어지는 것은 영원히 사라지는 것이 아니라 아주 오랜 시간 동안만 사라지는 것이다.

당신은 블랙홀에서 빠져나올 수 있다!

27장

다음 날은 학교에서 과학 발표 대회가 있는 날이었다. 조지는 일찌감치 서둘렀다. 돼지 프레디에게 작별 인사를 하고, 엄마에게 입을 맞추고, 블랙홀에 관한 에릭의 책을 가방에 집어넣고, 한 손에 먹을 것을 든 채 급히 문밖으로 나섰다.

테렌스가 2인용 자전거 뒤에 태워 학교까지 데려다주겠다고 했지만, 조지는 "됐어요, 아빠." 하고 큰 소리로 말하고는 마치 작은 토네이도가 휩쓸고 지나가듯 쏜살같이 집을 나왔다.

조지는 길로 달려갔다. 큰 교차로에 다다랐을 때, 혹시 엄마나 아빠가 현관문 앞에 서서 손을 흔들고 있는 건 아닌지 확인하려고 뒤를 흘끔 돌아보았다. 부모님이 보이지 않

자 조지는 모퉁이에서 학교로 가는 오른쪽 길이 아닌 왼쪽으로 돌았다. 시간이 그리 많지 않았기에 최대한 빨리 달렸다. 그렇게 달리는 동안, 여러 가지 생각이 뇌리를 스치고 지나갔다.

에릭은 지금쯤 우주의 가장 강력한 힘인 블랙홀이라는 거대한 검은 악마에게 삼켜지고 말았을까? 지금 가고 있는 곳에서 코스모스를 찾을 수 있을까? 이따가 과학 대회에서 애니를 만날 수 있을까? 에릭이 과거에 동료였던 사악한 인간에게 속아 우주여행을 하다가 커다란 위험에 빠지게 되었다고 말하면, 그 애가 믿을까?

그제야 조지는 애니가 왜 그렇게 이상한 이야기들을 했는지 이해가 되었다. 우주의 경이에 대해 알게 되자, 현

실의 삶이 굉장히 지루해 보였다. 이젠 애니나 코스모스나 에릭이 없는 삶을 상상할 수 없었다. 아니, 상상할 수는 있지만 그렇게 되는 걸 원치 않았다. 조지는 에릭을 구해야만 했다, 반드시!

조지는 리퍼가 왜 에릭을 블랙홀 안으로 던져 버리고 싶어 했는지 그리고 왜 그의 컴퓨터를 훔쳐 갔는지 알지도 못할뿐더러 상상도 할 수 없었다. 그러나 리퍼가 무슨 일을 꾸미고 있든, 인류나 과학이나 에릭이나 혹은 그 밖의 어느 누구에게도 좋은 일은 아니라는 걸 짐작할 수 있었다. 리퍼의 목적이 무엇이든, 그게 끔찍한 것이라는 확신이 들었다.

리퍼의 집 쪽으로 달려가는 동안, 조지는 그날 오후에 있을 과학 대회에 대해서도 생각했다. 만약 발표를 잘해서 일등을 한다면, 아무리 아빠라 할지라도 집에 컴퓨터를 들여놓아서는 안 된다고 말하지는 못할 것이다. 문제는 조지가 블랙홀이 에릭을 삼켜 버리지 않도록 하기 위해 생각해 낸 기발한 계획을 수행하려면 사실상 대회에 참석할 수 없다는 데 있었다. 결국 조지가 그 대회에서 일등을 하게 될 가망은 없다는 얘기다. 참가를 포기하는 것은 쉽지 않았지만, 에릭을 다시 돌아오게 하려면 달리 선택의 여지가 없었다. 그것 말고는 다른 방도가 없었다.

포리스트 웨이 42번지에 도착한 조지는 잠시 숨을 골랐다. 조용히 헐떡이면서 앞에 있는 집을 바라보았다. 진입로는 낡고 초라한 대문을 지나 지붕 밖으로 이상하게 생긴 작은 탑들이 삐죽삐죽

튀어나와 있는 거대하고 오래된 건물로 이어져 있었다.

  진입로를 따라 살금살금 올라간 조지는 커다란 창문으로 집 안을 자세히 들여다보았다. 더러운 유리창을 통해 누런 시트가 덮여 있는 가구와 천장에서 늘어진 거미줄로 가득 찬 방이 보였다. 조지는 쐐기풀 밭을 헤치고 조심조심 발소리를 죽이며 다음 창문으로 걸어갔다. 조금 열려 있는 창문 하나가 보였다. 그곳으로 안을

들여다보자 익숙한 광경이 눈에 들어왔다.

도관과 전선, 부글부글 끓는 밝은 색깔의 액체가 담긴 좁다란 유리관들이 복잡하게 뒤엉켜 있는 한복판에 리퍼가 있었다. 그는 초록빛으로 반짝이는 컴퓨터 스크린 앞에서 조지에게 등을 보인 채 서 있었다. 뒷모습만 보고도 조지는 리퍼가 불만으로 가득 차 있다는 걸 알 수 있었다. 조지는 리퍼가 마치 굉장히 어려운 피아노 연주를 하듯 모든 손가락을 이용해서 미친 듯이 컴퓨터 키보드를 두드리는 모습을 지켜보았다. 창문은 리퍼가 무슨 말을 하는지 간신히 들을 수 있을 만큼만 열려 있었다.

"봤지!"

리퍼는 컴퓨터 스크린에 대고 소리쳤다.

"난 온종일 이렇게 할 수 있어! 어떻게든 비밀 열쇠를 찾아내고 말 거야. 내가 찾아내는지 못 찾아내는지 두고 봐! 그리고 내가 비밀 열쇠를 찾으면, 넌 날 우주로 보내 줘야 해! 반드시!"

"부정."

코스모스가 대답했다.

"잘못된 명령. 요구 처리 불가능."

리퍼가 다른 자판들을 두드렸다.

"오류."

코스모스가 말했다.

"오류 유형 2-9-3."

"빌어먹을!"
리퍼가 울부짖었다.
"널 부숴 버리고 말겠어, 코스모스. 정말이야!"
바로 그때 전화벨이 울렸다. 리퍼가 수화기를 홱 들었다.
"누구시오?"
리퍼가 수화기에 대고 버럭 고함을 질렀다.
"아아……."
그러더니 예의 바른 목소리로 바꾸어 말했다.
"여보세요. 제 메시지를 받으셨나요?"

리퍼가 기침 소리를 꾸며내며 콜록거렸다.
"제가 오늘 몸이 좀 좋지 않아서요. ……아뇨, 그저 심한 감기일 뿐입니다. ……오늘 하루는 쉬어야 할 것 같네요. ……대회에 대해서는 정말 유감스럽게 생각합니다."
그리고 몇 차례 더 기침을 했다.
"죄송합니다! 이만 끊어야겠군요. 제가 정말로 몸이 안 좋아서요. 안녕히 계십시오!"
리퍼는 수화기를 쾅 내려놓고 코스모스를 향해 돌아섰다.
"봤지, 이놈의 컴퓨터야!"
그리고 두 손을 비비면서 말했다.
"자, 이제 나에겐 하루 종일 시간이 있어."
"나는 탐구단의 멤버가 아닌 사람에게는 작동하지 않습니다."
코스모스의 대답은 매우 용감하게 들렸다.
"차-하-히 히!"
리퍼가 미친 듯이 웃었다.
"그러니까, 그 구닥다리 탐구단이 아직도 존재한다, 이거로군. 그렇지? 자기들이 이 지구와 인류를 구할 수 있다고 생각하는 그 주제넘은 인간들이 말이야! 정말 구제 불능이라니까."
그리고 바닥에 침을 탁 뱉었다.
"그들이 지금까지 이 아름다운 지구를 어떻게 망쳤는지 봐. 나는 다른 곳에서 새로운 생명체를 가지고 다시 시작할 거야. 그 어리석은 꼬맹이 녀석들은 내가 자기들을 데려갈 거라고 생각하지만, 난 절대로 그렇게 하지 않을 거야! 하-하-하-하! 난 녀석들이 여기서 죽도록 내버려 둘 거야. 다른 인간들처럼 말이야. 우주에는 오로지 나만 남게 될 거야. 나와 나의 모든 명령에 복종할 나의 새로운 생명체만 말이야. 난 그냥 저 바깥에 있는 우주로 나가기만 하면 돼. 코스모스 네가 도와주면 돼."

"아니요."

코스모스가 대답했다.

"나는 탐구단의 멤버가 아닌 사람에게는 작동하기를 거부합니다."

"나도 한때 멤버였어."

리퍼가 말했다.

"당신의 멤버 자격은 취소되었습니다."

코스모스가 단호하게 대답했다.

"당신이······."

"그래, 그래, 그래."

리퍼가 얼른 말했다.

"그 일에 대해서는 꺼내지 말자고. 지금 나쁜 기억을 떠올리게 하지 마, 코스모스. 용서하고 잊어야 할 때가 되지 않았어?"

리퍼가 끔찍하게 감상적인 목소리로 말했다.

"아니요."

코스모스의 말에 리퍼가 벌떡 일어나더니 두 손으로 다시 자판을 쾅쾅 두드리기 시작했다.

"아얏!"

자판에서 불똥이 몇 개 튀어 오르자 코스모스가 외쳤다.

조지는 더 이상 지켜보고 있을 수가 없었다. 당장 안으로 들어가 리퍼가 가엾은 코스모스를 더 이상 괴롭히지 못하도록 막고 싶었다. 하지만 지금은 가능한 한 빨리 리퍼를 집 밖으로 나오게 해서, 코스모스와 떼어 놓는 것이 최선이었다. 그렇게 하기 위해서 학교에 가야만 했다.

조지는 학교 정문에 도착할 때까지 다시 달렸다. 도로 바깥쪽에 대형 버스들이 서 있고, 각기 다른 색깔의 교복을 입은 아이들이 그 버스에서 내리고 있었다. 과학 발표 대회에 참가하기 위해 도착한 근처 학교의 학생들이었다. 조지는 "실례합니다. 죄송해요."를 연발하며 사람들을 헤치고 나아갔다. 조지는 누군가를 찾고 있었다.

"조지!"

조지는 자신의 이름을 부르는 소리에 주위를 둘러보았다. 하지만 누가 부르는지 알 수가 없었다. 잠시 후, 조지는 그 애를 발견했다. 파란색 교복을 입고 위아래로 펄쩍펄쩍 뛰면서 자기를 향해 손을 흔들고 있는 자그마한 체구의 그 애를. 조지는 가능한 한 빨리 그 애한테 걸어갔다.

"애니!"

가까이 다가간 조지가 말했다.

"널 만나서 정말 기뻐! 어서 가자. 남은 시간이 별로 없어."

"무슨 일이야?"

애니가 코를 찡그리면서 물었다.

"네가 발표할 게 뭐 잘못되기라도 했어?"

"이 녀석이 애니 네 남자친구니?"

애니와 같은 교복을 입었지만, 나이가 많아 보이는 덩치 큰 남자아이가 그들 사이에 끼어들었다.

"어, 저리 가."

애니가 그 덩치 큰 소년에게 딱딱거렸다.

"그리고 그런 시시한 말은 다른 사람한테나 해."

조지는 놀라서 숨을 죽인 채 덩치 큰 소년이 어떻게 하는지 지켜보았다. 그러나 그 덩치는 그냥 온순하게 돌아서서 사람들 속으로 사라져 버렸다.

"그동안 어디 있었니?"

조지는 애니에게 물었다.

"말했잖아, 할머니 집에 있을 거라고."

애니가 대답했다.

"엄마가 날 학교까지 데려다줘서 집에는 아직 가지도 못했어. 왜 그래, 조지? 무슨 일이야?"

"애니……."

조지는 아주 진지하게 말했다.

"너한테 할 말이 있어. 아주 무서운 일이야."

하지만 더 이상 말할 기회를 놓치고 말았다. 어떤 선생님이 아주 시끄럽게 호각을 불면서 모든 사람을 조용히 시키고 있었다.

"여러분!"

선생님이 큰 소리로 말했다.

"학교별로 줄을 서서 강당으로 들어갈 준비를 하세요. 그곳에서 곧 과학 발표 대회가 시작될 겁니다. 거기, 너는…….'

선생님이 파란 교복을 입은 아이들 사이에 있는 진초록색 교복의 조지를 가리켰다.

"줄을 잘못 섰구나! 사람들을 더 이상 혼동시키지 말고, 어서 가서 네 학교를 찾도록 해라!"

"이따가 강당 밖에서 만나!"

조지는 애니에게 작은 소리로 속삭였다.

"정말 중요한 일이야, 애니! 네 도움이 필요해!"

그렇게 말하고 조지는 애니와 헤어져 자기 학교 그룹에 합류했다. 그리고 강당 쪽으로 걸어가면서 다른 사람을, 아니 더 정확히 말하면 링고 일당을 찾기 시작했다. 그러다 마침내 복도에서 어정거리고 있는 링고와 그의 패거리를 발견했다. 순간, 조지는 가장 가까운 곳에 있는 선생님을 향해 아주 큰 목소리로 말하기 시작했다.

"선생님!"

조지가 소리쳤다.

"선생님!"

"왜 그러니, 조지?"

선생님이 뜻밖의 큰 목소리에 놀라 약간 뒤로 물러나면서 물었다.

"선생님!"

조지는 주위에 있는 모든 사람이 하던 일을 멈추고 자기 말을 들을 수 있도록 또 다시 큰 소리로 말했다.

"제 발표 제목을 바꿔야겠어요!"

"그게 가능할지 모르겠구나."

선생님이 고개를 갸우뚱거렸다.

"그리고 소리 좀 지르지 않을 수 없니?"

"하지만 전 꼭 바꿔야 해요!"

조지가 다시 큰 소리로 말했다.

"새로운 제목을 갖고 있단 말이에요!"

"그 제목이 뭔데 그러니?"

선생님이 물었다. 조지가 미친 듯이 날뛸까 봐 걱정하는 모습이 역력했다.

"그건 '세상에서 가장 놀라운 컴퓨터 코스모스와 그 컴퓨터의 작동 방법'이에요."

"알겠다."

선생님은 조지가 정신이 나간 게 분명하다고 생각하는 듯했다.

"내가 심사 위원들의 생각이 어떤지 물어보마."

"꼭 그래 주세요. 고맙습니다, 선생님!"

조지는 아까보다 훨씬 더 크게 소리를 질렀다.

"제목은 기억하셨지요? '세상에서 가장 놀라운 컴퓨터 코스모스와 그 컴퓨터의 작동 방법'이에요."

"고맙구나, 조지."

선생님이 조용히 말했다.

"널 위해 최선을 다해 보마."

선생님이 한숨을 깊이 쉬면서 걸어가는 동안, 조지는 링고가 휴대 전화를 꺼내 어딘가로 전화를 걸고 있는 걸 보았다. 이제 기다리기만 하면 된다.

조지는 강당 입구에 선 채 일렬로 길게 줄을 서서 옆으로 지나가는 학생들을 지켜보고 있었다. 그리고 얼마 지나지 않아 리퍼가 숨을 헐떡이면서 흥분된 표정으로 조지에게 달려왔다.

"조지!"

리퍼가 비늘처럼 벗겨진 한 손으로 머리를 매만지면서 소리쳤다.

"됐니? 발표 제목을 바꾸는 것 말이야."

"그런 것 같아요!"

"내가 어떻게 됐는지 알아봐 주마. 넌 걱정 말고 어서 가서 코스모스와 그 컴퓨터의 작동 방법에 대해 발표할 준비나 하렴. 난 심사 위원들이 제목을 바꿔도 괜찮다고 하는지 확인해 볼 테니까. 좋은 발표감이다, 조지. 훌륭해!"

바로 그때 교장 선생님이 옆으로 지나갔다.

"리퍼 선생?"

교장 선생님이 이상하다는 듯이 말했다.

"내가 듣기론 오늘 편찮으셔서 못 나온다고 하던데."
"이제 몸이 한결 가뿐합니다."
리퍼가 단호하게 말했다.
"그리고 대회가 궁금해서 견딜 수가 있어야죠."
"그 정신 참 훌륭합니다!"
교장 선생님이 칭찬을 했다.
"이렇게 와 주셔서 정말로 기뻐요, 리퍼 선생! 그러지 않아도 우리 심사 위원 가운데 한 분이 참석하지 못해서 걱정을 하던 중인데, 선생이 그분 자리를 대신해 주면 좋겠소."
"오, 안 됩니다, 안 돼요."

리퍼가 허둥지둥 말했다.

"훨씬 더 훌륭한 분을 찾으셔야지요."

"당찮은 소리."

교장 선생님이 말했다.

"선생이 딱 제격이오! 어서 따라오시오, 리퍼 선. 내 옆에 앉으시면 됩니다."

리퍼는 얼굴을 찡그렸다. 하지만 교장 선생님을 따라가 강당 맨 앞에 있는 교장 선생님 옆자리에 앉지 않을 수 없었다.

조지는 문 옆에서 계속 기다렸다. 마침내 애니가 파란 교복을 입고 시끄럽게 떠들어 대는 아이들과 함께 이쪽으로 오는 게 보였다. 애니가 옆을 지나갈 때, 조지는 그 애의 소매를 잡고 힘껏 끌어당겼다.

"우린 갈 데가 있어!"

조지는 애니의 귀에 대고 속삭였다.

"당장!"

"어딜?"

애니가 물었다.

"어딜 가야 한다는 거야?"

"네 아빠가 블랙홀 안으로 떨어졌어! 따라와. 우리가 구해야 해."

28장

애니는 조지를 따라 허둥지둥 복도를 걸어갔다.

"그런데 조지, 어디로 가는 거야?"

"쉿."

조지가 어깨너머로 말했다.

"이쪽으로."

조지는 애니를 학교 쪽문 쪽으로 데려가는 중이었다. 그것은 거리로 나가는 문인데, 학생들이 수업 중에 혼자서 그쪽으로 나가는 것은 엄격히 금지되어 있었다. 만약 조지와 애니가 허가 없이 학교에서 나가다 붙잡히면 큰 곤경에 처하게 될 터였다. 더 나쁘게는―훨씬 더 나쁘게는―코스모스와 연락할 유일한 기회를 잃게 될 테고, 그것은 에릭이 블랙홀 안에서 영원히 사라지게 된다는 것을 의미했다. 그들은 가능한 한 빨리 학교에서 나가야만 했다.

비록 몸은 뻣뻣하게 경직되었지만, 둘은 마치 다른 사람들과

정반대 방향으로 갈 만한 정당한 이유가 있기라도 한 것처럼 아주 자연스럽고 천진한 표정을 지으려고 애쓰며 계속 걸었다. 그게 효과가 있는지, 그들에게 신경을 쓰는 사람은 아무도 없었다. 그런데 이제 막 쪽문으로 다가가고 있을 때, 조지는 그들 쪽으로 걸어오는 선생님을 한 분 보았다. 조지는 집게손가락 위에 가운뎃손가락을 포개어 행운의 크로스를 만들고 발견되지 않기를 간절히 바랐지만 아무 효과가 없었다.

"조지!"

그 선생님이 불렀다.

"어딜 가고 있는 거니?"

"아, 선생님!"

조지는 천연덕스럽게 말했다.

"저희는, 어, 저희는 그냥, 어……."

더듬거리다 힘이 다 빠져 버리고 말았다.

"제가 까먹고 외투 주머니에다 발표에 쓸 걸 두고 왔어요."

애니가 얼른 끼어들어 또랑또랑한 목소리로 둘러댔다.

"그래서 저희 선생님께서 이 아이한테 휴대품 보관소로 가는 길을 안내해 주라고 하셨어요."

"그럼, 어서 가거라."

선생님이 그들을 지나가게 하면서 말했다. 그러나 선생님은 그들이 휴대품 보관소로 들어갈 때까지 그 자리에 서 있었다. 그들이 복도를 따라 다시 내려와 살펴보았을 때도, 여전히 그곳에 서서 학교의 비상 출입구를 지키고 있었다. 마지막 아이들이 과학 발표 대회장으로 무질서하게 들어가는 모습이 보였다. 대회는 이제 몇 분만 있으면 시작될 터였다.

"안 되겠어."

조지는 다시 휴대품 보관소로 들어가며 투덜거렸다.

"저 문으로는 못 나가겠어."

그리고 주위를 둘러보았다. 벽에는 외투를 걸어 두는 못이 죽

늘어서 있었다. 그 위로 가늘고 긴 사각형 창문이 하나 보였다.
"저기로 나갈 수 있겠니?"
조지가 물었다.
"나갈 곳은 저기밖에 없잖아. 안 그래?"
애니가 창문을 올려다보면서 말했다.
조지는 고개를 끄덕였다.
"그렇다면 해야지 뭐."
애니가 단호하게 말을 이었다.
"난 블랙홀이 우리 아빠를 집어삼키게 놔두지 않을 거야. 절대로, 절대로, 절대로!"

그리고 얼굴을 찡그렸다. 그 모습을 본 조지는 애니가 울지 않으려고 애쓰고 있다는 걸 알 수 있었다. 조지는 문득 애니한테 말한 게 잘한 일일까, 하는 의구심이 들었다. 그냥 혼자서 에릭을 구했어야 하지 않을까? 그러나 그런 생각을 하기엔 이미 너무 늦었다. 이제 애니와 조지는 함께 있고, 어떻게든 일을 잘 해결해야만 했다.

"그럼, 어서 나가자."

조지는 씩씩하게 말했다.

"내가 도와줄게."

조지는 걸쇠를 풀고 창문을 연 다음 애니가 좁은 틈으로 빠져나갈 수 있도록 번쩍 들어 올려 주었다. 애니가 낑낑 소리를 내더니 시야에서 사라졌다. 조지도 창턱 위로 몸을 쭉 끌어 올린 다음, 애니가 했던 것처럼 빠져나가려고 했다. 하지만 조지는 애니보다 체구가 훨씬 더 커서 쉽지가 않았다. 몸이 절반 정도 나갔지만 더 이상은 불가능했다. 틈새에 꼭 끼어 몸의 한쪽은 학교 밖 거리에 대롱대롱 매달렸고, 또 한쪽은 여전히 휴대품 보관소에 있었다.

"조지!"

애니가 손을 뻗어 조지의 발을 잡았다.

"잡아당기지 마!"

조지는 최대한 숨을 깊이 들이쉬고 틈새를 통해 부드럽게 빠져나가며 말했다. 그리고 다시 한 번 몸을 꿈틀거리자 꽉 조이는 창틀에서 겨우 벗어날 수 있었다.

조지는 쿵 소리를 내며 무겁게 포장도로 위로 떨어졌다. 그리고 비틀거리며 일어나 애니의 손을 잡았다.

"달려!"

조지는 헐떡이며 말했다.

"어서 가야 해!"

그들은 모퉁이를 돌아 전속력으로 달리다 잠시 숨을 돌리기 위해 멈추었다.

"애니……."

조지가 무슨 말을 하려고 하는데, 애니가 조용히 하라고 손을 들었다. 그 애는 가지고 있던 휴대 전화로 전화를 걸고 있었다.

"엄마!"

애니가 휴대 전화에 대고 다급하게 말했다.

"긴급한 일인데……. 아니, 전 괜찮아요. 제가 아니라……. 네, 건 오늘 아침에 엄마가 내려 준 학교에 있는데 제가……. 아니에요, 엄마. 전 아무 짓도 하지 않았어요. 엄마, 제 말 좀 들어보세요! 제발! 아빠한테 무슨 일이 생겼어요. 나쁜 일이요. 그래서 우리가 아빠를 구하러 가야 해요. 아빠가 우주에서 길을 잃었어요. 우리가 아빠를 다시 모셔 와야 해요! 이리로 오셔서 우리 좀 데려갈 수 있으세요? 저는 지금 조지랑 같이 있어요. 그 애네 학교 바로 옆에 있어요. 얼른이요, 엄마. 얼른, 서두르세요. 오래 기다릴 시간이 없어요……. 알았어요. 끊을게요."

"엄마가 뭐라고 하시니?"

조지가 물었다.

"'네 아빠는 대체 언제쯤 되어야 그 터무니없는 일을 그만두고 어른답게 행동하신대니?'라고 하셨어."

"그게 무슨 말이야?"

조지는 약간 당황해서 물었다.

"나도 몰라. 어른들은 이상한 생각을 갖고 있어."

"그래서 너희 엄마가 오신대?"

"응. 오래 걸리지 않을 거야. 미니를 타고 오실 테니까."

아니나 다를까, 몇 분 뒤 하얀 줄무늬가 있는 자그마한 빨간색 자동차가 그들 옆에 와서 섰다. 긴 머리를 늘어뜨린 예쁜 얼굴의 여성이 창문을 내리고 고개를 삐죽이 내밀었다.

"기가 막혀서, 원!"

애니의 엄마 수잔이 기분 좋게 말했다.

"네 아빠가 또 모험을 떠났단 말이지! 이젠, 나도 모르겠다. 그런데 너희 둘은 학교 밖에서 뭘 하고 있는 거니?"

"조지, 이분이 우리 엄마야. 엄마, 얘가 조지예요."

애니가 엄마의 질문에는 들은 체 만 체 대꾸도 하지 않고 자동차 문을 열면서 두 사람을 소개시켰다. 그리고 조지가 자동차 안으로 들어갈 수 있도록 앞좌석을 앞으로 잡아당겼다.

"너는 뒷자리에 앉아."

애니가 조지에게 말했다.

"하지만 아무것도 부수지 않도록 조심해."

뒷좌석엔 리코더와 심벌즈, 트라이앵글, 미니 하프, 스트링드럼 따위가 잔뜩 쌓여 있었다.

"미안하구나, 조지."

조지가 뒷좌석으로 들어가는 동안 수잔이 말했다.

"나는 음악 선생님이란다. 그래서 악기를 많이 갖고 있는 거지."

"음악 선생님이요?"

조지는 놀라서 되물었다.

"그렇단다."

안드로메다 은하의 실제 모습. 안드로메다 은하는 우리 은하에서 가장 가까운 주요 은하인 동시에 포함하고 있는 별의 수로 볼 때 가장 큰 은하이다. 우리 은하와 마찬가지로, 안드로메다 역시 나선 은하이다. 빛이 안드로메다를 가로질러 여행하는 데는 15만 년 정도가 걸리며, 그 빛이 지구에 도달하는 데는 250만 년이 걸린다.

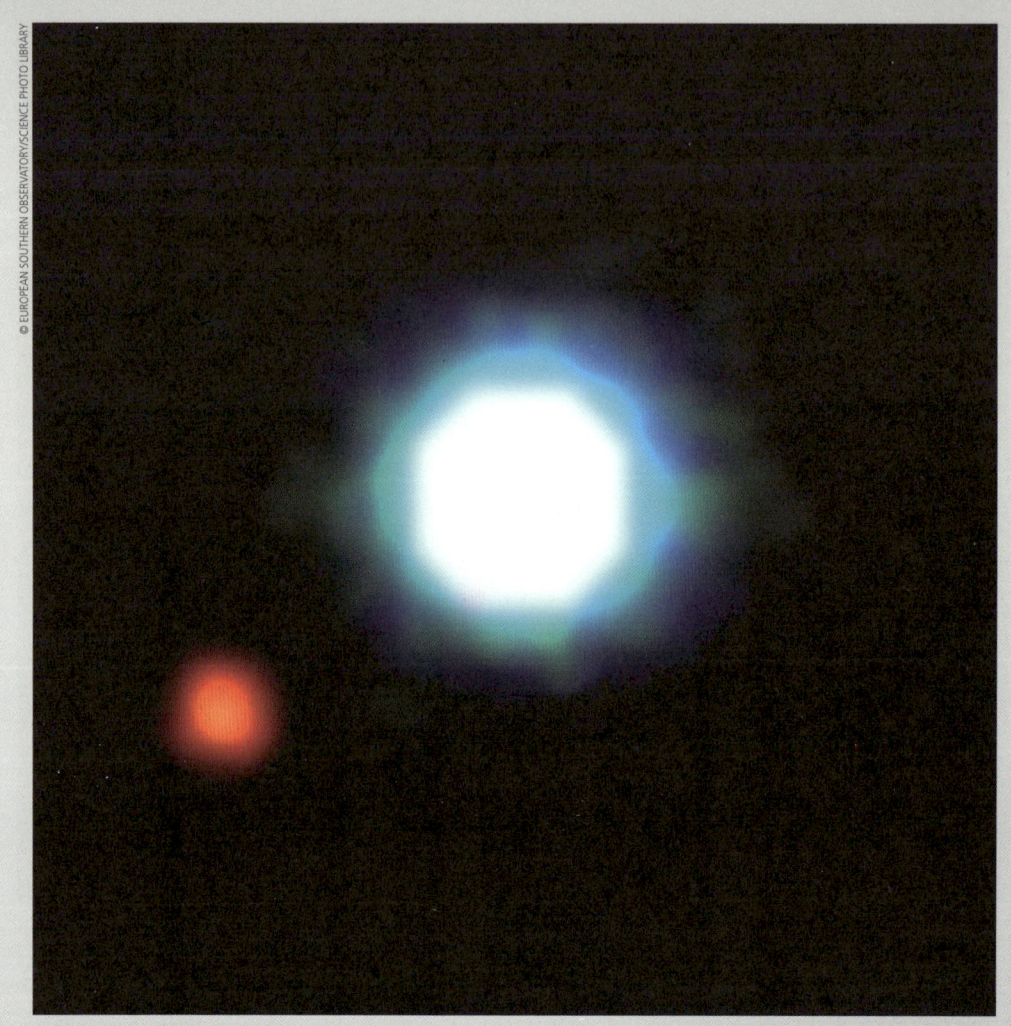

별이 될 만큼 충분히 크지 않은 매우 뜨거운 화구(하얀색) 주위를 돌고 있는 천체(붉은색)를 컴퓨터로 처리한 사진. 이 행성의 질량은 목성의 5배 정도 되는 것으로 추정되며, 이 사진은 최초로 찍은 태양계의 외부 행성 모습일 수도 있다.

NGC 4261(중앙)이라 불리는 거대한 타원 은하의 광학 사진. 이 은하의 중심에는 우리의 태양보다 5억 배쯤 더 큰 초대형 블랙홀이 있다.

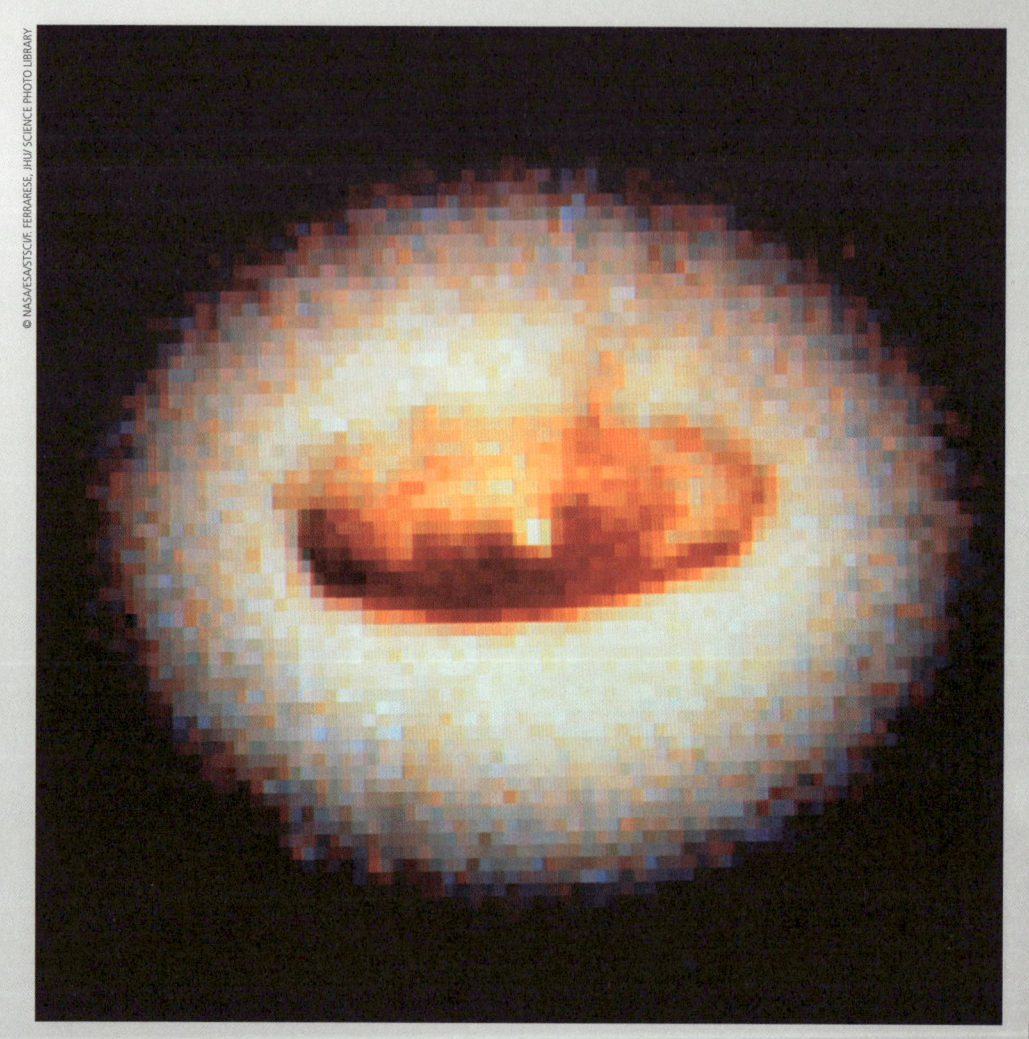

NGC 4261(앞쪽 사진)의 중심. 이 블랙홀을 너비가 대략 800광년에 이르는 차갑고 어두운 먼지 원반이 에워싸고 있다. 대부분의 은하 중심에는 대형 혹은 초대형 블랙홀이 있는 것으로 추정한다.

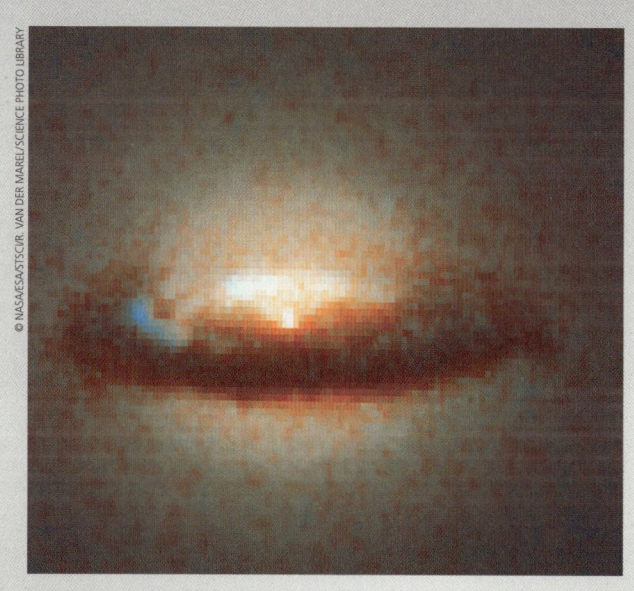

이 먼지 고리는 NGC 7052라는 또 다른 은하의 중심에 대형 블랙홀을 숨기고 있다. 중앙의 밝고 하얀 점은 이 블랙홀의 강력한 중력적 인력 때문에 주위에 떼 지어 모여 있는 별들의 빛이다.

이 두드러진 푸른 제트는 M87이라고 불리는 거대한 타원 은하의 중심에서 흘러나온 것이다. 이 제트는 그 타원 은하의 중심에 있는 초대형 블랙홀 주위에서 가속된 전자와 다른 여러 입자들로 이루어져 있다.

PICTURE FILES · COSMOS'S PICTURE F

컴퓨터로 처리된 태양계의 모습. 여기에는 태양계의 일부분이 나타나 있다(왼쪽). 8개의 행성(왼쪽부터 오른쪽으로) 수성, 금성, 지구, 화성, 목성, 토성, 천왕성, 해왕성과 네모 칸으로 표시한 3개의 난쟁이 행성(왼쪽부터 오른쪽으로) 케레스, 명왕성, 에리스. 이 천체들 사이의 거리는 일정한 비율로 그리지 않았다. 그렇게 했다면 태양을 제외하고는 아무 것도 보이지 않을 것이다. 하지만 상대적 크기는 정확하다.

지구의 위성 사진.

수잔이 대답했다.

"애니가 대체 내 직업을 뭐라고 했기에 그러니? 미국 대통령이라고 하기라도 했니?"

"아뇨."

조지가 백미러로 수잔의 시선을 끌면서 말했다.

"애니가 모스크바의 발레리나라고 했거든요."

"내가 여기에 없는 것처럼 나에 대해서 말하는 건 이제 그만하면 됐어요."

애니가 안전벨트를 채우면서 말했다.

"엄마, 얼른 운전이나 하세요! 우린 아빠를 구해야 해요. 이건 정말로 중요한 일이에요."

하지만 수잔은 시동을 끈 채 가만히 앉아 있을 뿐이었다.
"침착해라, 애니!"
수잔이 온화하게 말했다.
"네 아빠는 예전에도 온갖 종류의 어려운 상황에 처하신 적이 있어. 아빠는 틀림없이 괜찮으실 거야. 코스모스가 있는데 설마 아빠한테 끔찍한 일이 생기기야 하겠니? 내 생각에, 너희 둘은 이만 학교로 돌아가는 게 좋을 것 같구나. 그리고 이 문제에 대해서는 더 이상 얘기하지 않도록 하자."
"저기, 근데 있잖아요……."
조지는 애니의 엄마를 뭐라고 불러야 할지 몰라 머뭇거렸다.
"지금 에릭 아저씨는 코스모스를 갖고 있지 않아요. 그 컴퓨터를 도둑맞았거든요! 에릭 아저씨는 우주에 완전히 혼자 계세요. 게다가 블랙홀 근처에요."
"혼자서?"
수잔이 되물었다. 갑자기 낯빛이 창백해졌다.
"코스모스도 없이 말이니? 하지만 그러면 네 아빠가 돌아오실 수 없잖아! 그리고 블랙홀이라니?"
"엄마, 내가 긴급한 일이라고 계속 말했잖아요!"
애니가 항변했다.
"이제 제 말을 믿으시겠어요?"
"오, 맙소사! 어떻게 그런 일이! 안전벨트를 매거라, 조지!"

애니의 엄마가 자동차의 시동을 걸면서 소리쳤다.

"그리고 내가 어디로 가야 하는지 말해 주렴."

조지가 리퍼의 주소를 가르쳐 주자 수잔은 그 작은 자동차가 앞으로 확 기울어지면서 튕겨 나갈 정도로 액셀러레이터를 세게 밟았다.

빨간 미니가 극심한 교통 체증을 헤치고 리퍼의 집을 향해 나아가는 동안, 조지는 지난 스물네 시간 동안 무슨 일이 일어났는지 최선을 다해 설명했다. 작은 자동차는―대형 자동차를 타고 있는 사람들은 아주 성가셨을 것이다―꽉 막힌 길을 요리조리 누비며 마을을 가로질렀다.

조지는 애니와 수잔에게 어제 과학 대회 발표 원고와 관련해서 도움을 받기 위해 에릭을 만나러 갔던 일을 모두 털어놓았다. 믿기지 않던 이상한 편지와 에릭이 출입구를 통해 우주로 나간 일, 자기가 에릭을 따라가지 않을 수 없었던 상황에 대해서도 말했다.

그리고 우주 공간에서 두 사람이 보이지 않는 어떤 힘 쪽으로 빨려 들어갔던 일, 그들을 구하기 위해 문이 나타났던 일, 그 문이 너무 희미해서 에릭이 조지를 들고 던져 간신히 통과시켰던 일도 설명했다.

조지는 또한 서재에 도착해서야 에릭이 돌아오지 못했다는 것을 알았던 것과 코스모스가 어떻게 도난당했는지도 말했다. 그리고 도둑들을 뒤쫓아갔지만 어둠 속에서 놓치고 말았던 일이며, 에릭이 얘기한 책을 찾기 위해 서재로 다시 돌아갔던 일, 책을 읽어 보려 했지만 전혀 이해할 수 없었던 일, 그 책 뒷부분에서 쪽지를 발견했는데 블랙홀에서 빠져나오는 게 가능하다는 글이 적혀 있었다는 것, 블랙홀에서 빠져나오려면 코스모스가 필요하다는 것, 코스모스가 어디에 있는지 깨닫고 그날 아침 리퍼 선생…….

"리퍼? 혹시 그레이엄 리퍼를 말하는 거니?"

수잔이 큰길에서 벗어나 모퉁이를 돌면서 조지의 말을 가로막았다.
"네."
조지가 대답했다.
"그레이엄 리퍼. 저희 학교 선생님이에요. 그 사람을 아세요?"
"한때 그랬지. 오래전에."
수잔이 어두운 목소리로 말했다.
"나는 항상 에릭에게 그레이엄을 믿어서는 안 된다고 말했단다. 하지만 에릭은 좀처럼 내 말을 들으려고 하질 않았어. 에릭은

사람들의 장점만 보려고 했지. 그때까지는……."

수잔이 말꼬리를 흐렸다.

"언제까지요?"

애니가 큰 소리로 물었다.

"언제까지요, 엄마?"

"아주 끔찍한 일이 일어날 때까지는 말이다."

수잔이 단호한 표정으로 말했다.

"우리 모두가 결코 잊을 수 없는 일이었단다."

"우리 모두라뇨?"

애니가 지금까지 한 번도 들어보지 못한 스릴 넘치는 가족 이야기에 대한 기대로 잔뜩 흥분해서 물었다. 그러나 애니는 대답을 듣지 못했다. 바로 그때 수잔이 리퍼의 집 진입로로 들어가 그의 집 앞에 자동차를 주차시켰기 때문이다.

29장

리퍼의 집 안으로 들어가기는 결코 쉽지 않았다. 집이 낡고 추레하고 볼품없기는 했지만, 리퍼는 모든 창문과 문을 단단히 잠가 두었다. 집 주위를 돌아보며 찾아보았지만 들어갈 만한 곳이 한 군데도 없었다. 그들은 잠시 후, 그날 아침 조지가 코스모스를 보았던 방의 창문 앞에 다다랐다. 하지만 위대한 컴퓨터는 더 이상 그 방에 없는 것 같았다.

"바로 저 방에 코스모스가 있었어요!"

조지가 말했다.

애니와 수잔은 서로를 바라보았다. 수잔이 실망감을 감추려고 입술을 깨물었다. 굵은 눈물방울이

애니의 볼을 타고 주르륵 흘러내렸다.

"코스모스를 찾지 못하면……."

애니가 작은 소리로 말했다.

"잠깐!"

수잔이 소리쳤다.

"쉬잇, 조용히! 그리고 잘 들어보렴!"

모두 최대한 귀를 쫑긋 세웠다.

방 안 어딘가에서 노래를 부르는 듯한 희미하고 작은 기계음이 들렸다.

"헤이 디들디들 고양이와 바이올린…… 달 위를 뛰어넘는 소…… 하지만 그건 기술적으로 불가능해. 우주복이 없다면 소가 꽁꽁 얼어 버리기 때문이지."

그 목소리가 흥얼거렸다.

"코스모스예요!"

조지가 외쳤다.

"우리가 찾을 수 있도록 코스모스가 노래를 부르고 있는 거라고요! 그런데 어떻게 녀석한테 가죠?"

"여기서 기다리렴!"

수잔이 야릇한 표정을 지으며 이렇게 말하더니 모퉁이를 돌아 사라졌다. 그리고 잠시 뒤 코스모스가 노래를 부르고 있는 방 안에 모습을 나타냈다.

수잔이 애니와 조지가 들어올 수 있도록 1층 창문을 활짝 열어 주었다.

"어떻게 들어가셨어요?"

조지는 의아한 얼굴로 물었다.

"그걸 진작 생각했어야 했는데······."

수잔이 말했다.

"그레이엄이 현관문 옆에 있는 화분 아래에 여분의 열쇠를 숨겨 두었더구나. 그게 그 사람의 버릇이거든. 그래서 안으로 들어올 수 있었던 거야."

애니는 코스모스의 노랫소리를 따라 커다란 벽장을 이리저리 탐색했다. 이윽고 낡은 담요들로 가득 찬 종이 상자를 찾아낸 애니가 그것들을 끄집어내기 시작했다. 코스모스는 그 종이상자 맨 밑바닥에 있었다. 컴퓨터의 스크린을 열면서 애니가 컴퓨터에 키스를 퍼부었다.

"코스모스, 코스모스, 코스모스!"

애니가 큰 소리로 말했다.

"우리가 널 찾았어! 괜찮니? 우리 아빠를 구할 수 있어?"

"플러그를 꽂아 줘."

코스모스가 몹시 지친 목소리로 간신히 말했다. 에릭의 집에 있을 때는 매끄럽고 은색으로 빛나는 그럴듯한 컴퓨터였다. 그러나 지금은 난폭하게 다뤄져서 여기저기 긁힌 데다 온통 더러운

얼룩투성이였다.

"난 지쳤어. 배터리가 거의 닳았어."

조지는 그날 아침 코스모스가 있던 곳을 살펴보았다. 아니나 다를까, 그곳에 컴퓨터 케이블이 있었다. 조지가 전선에 연결하자 마치 갈증에 지친 사람이 차가운 물 한 컵을 들이켜기라도 한 듯 코스모스가 꿀꺽거리는 소리를 냈다.

"이제 좀 낫군!"

코스모스가 한숨을 내쉬었다.

"자, 이제 누가 좀 말해 주겠어? 도대체 무슨 일이 벌어지고 있는 건지."

"에릭 아저씨가 블랙홀 안으로 떨어졌어!"

조지가 말했다.

"그리고 아빠를 구하려면 네가 필요해."

애니가 간청했다.

"코스모스, 제발 방법을 알고 있다고 말해 줘."

코스모스가 윙 하고 도는 소리를 냈다.

"정보를 찾기 위해 디스크를 검사 중입니다."

코스모스가 기계 목소리로 말했다.

"블랙홀에 떨어진 사람을 구하기 위해 어떻게 해야 하는지 파일을 검색 중입니다……. 잠시만 기다려 주세요……."

코스모스는 조금 더 윙 하는 소리를 내더니 이내 조용해졌다.

"어때?"

애니가 불안한 목소리로 물었다.

"할 수 있어?"

"어, 아니."

코스모스가 겨우 대답했다.

"탐색을 해 봤는데, 정보를 찾지 못했어."

"방법을 모른다는 거야? 하지만 코스모스, 그 말은……."

애니는 말을 맺지 못했다. 그리고 수잔에게 안겨 울기 시작했다.

"블랙홀에서 빠져나오는 방법에 대해서는 아무도 내게 정보를 제공하지 않았어."

코스모스가 미안해하며 설명했다.

"나는 블랙홀 안으로 들어가는 방법만 알 뿐 다시 나오는 방법은 몰라. 그게 가능한지도 확실히 모르겠어. 만약 에릭 박사님이 알고 있었다면 나한테 말했을 거야. 블랙홀과 중력과 질량에 대한 기록 보관소에도 들어가 볼게. 하지만 이런 파일 중 어떤 것도 나한테 필요한 자료를 보관하고 있지는 않은 것 같아."

컴퓨터의 드라이브가 다시 윙 하는 소리를 내더니 조용해졌다. 이건 평소와 달리, 코스모스에게 할 말이 없다는 뜻이었다.

"에릭은 사라진 거야."

수잔이 눈물을 훔치면서 말했다.

"에릭은 오래전 내게 블랙홀 안으로 일단 떨어지면 아무것도 빠져나올 수 없다고 말했어."

"아니에요!"

조지가 외쳤다.

"그렇지 않아요! 아저씨는 블랙홀에 대한 생각을 바꾸셨어요. 아저씨가 저하고 애니를 위해 쓴 메모에 그렇게 쓰여 있었어요."

"무슨 메모?"

코스모스가 물었다.

"내가 아저씨의 새 책 뒷장에서 발견한 메모."

"그 메모에 뭐라고 쓰여 있는데?"

가방을 뒤적이면서 조지는 에릭의 정확한 말을 기억하려고 애썼다.

"에릭 아저씨는 블랙홀이 영원하지 않다고 썼어. 블랙홀은 어떻게든 그 안으로 떨어진 모든 것을 뱉어 낸대. 시간이 오래 걸리기는 하지만……. 복사인지 복수인지 하는 걸로 말이야."

"복사야."

코스모스가 정정해 주었다.

"그 책을 갖고 있니? 그 책에서 정보를 다운로드하면 뭔가를 알아낼 수 있을지도 몰라."

"그래! 복사! 바로 그거야!"

조지는 블랙홀에 관한 에릭의 책을 찾아서 애니에게 건네주었다.

"하지만 코스모스, 서둘러야 해. 내가 발표를 하지 않는다는 사실을 알게 되면, 그리퍼가 곧장 여기로 돌아올 거야."

"에릭 박사님이 애당초 내 시스템을 제대로 업데이트해 주었다면 훨씬 더 빨랐을 거야."

코스모스가 비웃는 투로 말했다.

"그러려고 했는데 잊어버린 거겠지."

조지가 말했다.

"언제나 그렇다니깐!"

코스모스가 말했다.

"이제 그만들 좀 해."

애니가 지르퉁해서 투덜거렸다.

"좀 서두를 수 없어?"

"물론이지."

코스모스가 다시 진지한 목소리로 말했다.

"일단 새로운 정보를 얻으면 난 당장 시작할 수 있어. 애니, 그 책을 내 북포트에 붙여 줘."

애니는 최대한 빨리 코스모스의 측면에서 투명한 플라스틱 트레이를 꺼내 똑바로 세웠다. 그리고 책을 그 트레이에 기대어 놓고 컴퓨터에 있는 버튼 하나를 눌렀다.

"준비됐어?"

애니가 물었다.

컴퓨터의 윙 하는 소리가 점점 커지더니 그 책의 페이지들이 점점 빛을 내기 시작했다.

"블랙홀에 관한 내 메모리 파일을 재부팅하는 중이야!"

코스모스가 말했다.

"완성! 네 말이 맞았어, 조지. 그 내용이 모두 박사님의 책 속에 있어. 이제 난 할 수 있어. 블랙홀에서 박사님을 구할 수 있다고."

"그러면 당장 시작해!"

조지와 애니와 수잔이 일제히 소리쳤다.

애니가 코스모스의 자판에 있는 'Enter'를 누르자 방 한가운데에 창문이 나타났다. 그 창문 한쪽에 아주 심하게 비틀린 모습의 우주 공간이 보이고, 그 한가운데 검은 부분이 있었다.

"저게 블랙홀이야!"

조지가 외쳤다.

"맞아."

코스모스가 대답했다.

"저기가 바로 내가 너와 에릭 박사님을 두고 왔던 곳이야."

창문으로 보이는 광경은 아주 조용했다. 마치 아무 일도 벌어지고 있지 않은 것처럼.

"코스모스, 왜 아무것도 하지 않는 거야?"

애니가 물었다.

"시간이 좀 걸려."

코스모스가 대답했다.

"나는 블랙홀에서 나오는 모든 작은 물체를 입수해야만 해. 그것들 대부분은 눈으로 볼 수도 없을 정도로 작아. 만약 하나라도 놓치면 에릭 박사님을 재구성하지 못할지도 몰라. 블랙홀 안으로 떨어졌던 모든 물체로부터 에릭 박사님을 걸러 내야만 하거든."

"재구성하다니, 그게 무슨 말이지?"

수잔이 물었다.

"블랙홀은 입자들을 하나씩 방출해요. 입자 한 개가 나올 때마다 블랙홀은 계속 더 많이 방출해서 그 속도가 점점 빨라지죠. 저는 시간을 수십억 년 정도 빨리 돌리고 있어요. 제발, 일 좀 하게 가만히 내버려 두세요. 모든 걸 수집해야 한다고요."

조지와 애니와 수잔은 입을 다물고 조용히 창문을 바라보았다.

세 사람 모두 코스모스가 일을 제대로 하기를 간절히 바랐다. 블랙홀은 여전히 이전과 똑같아 보였다. 하지만 잠시 뒤 블랙홀이 오그라들고, 그 주위 공간의 비틀림이 점점 완화되기 시작했다. 일단 오그라들기 시작하자, 블랙홀은 점점 작아지더니 이내 그 속도가 더욱 빨라졌다. 그들은 이제 블랙홀에서 나오는 것 같은 엄청난 수의 입자를 볼 수 있었다.

블랙홀이 오그라드는 동안 코스모스에서는 윙 하는 소리가 점점 더 커졌다. 조금 전까지만 해도 밝기만 하던 컴퓨터 스크린의 빛들이 깜박거리더니 이내 희미해지기 시작했다. 윙 하는 소리가 갑자기 우두둑우두둑 하는 소리로 바뀌었다. 그리고 코스모스의 자판에서 날카로운 경고음이 흘러나왔다.

"코스모스가 왜 저러죠?"

조지는 애니와 수잔을 보며 작은 소리로 물었다.

수잔이 불안한 표정으로 말했다.

"컴퓨터가 계산을 하느라 온갖 노력을 다하고 있는 게 틀림없어. 코스모스에게도 그 계산이 매우 어려운 게 분명해."

"코스모스가 해낼 수 있을까요?"

애니가 우는 소리로 물었다.

"그러길 바라야지."

수잔이 단호하게 말했다.

창문에 보이는 블랙홀은 이제 테니스공 크기만큼 작아졌다.

"바라보지 마!"

수잔이 외쳤다.

"손으로 눈을 가려!"

블랙홀이 아주 밝아지더니 갑자기 폭발했다. 그리고 우주가 버틸 수 있는 가장 강력한 폭발력으로 사라져 버렸다. 조지와 애니와 수잔은 눈을 감고도 그 빛을 볼 수 있었다.

"버텨, 코스모스!"

애니가 소리쳤다.

코스모스가 끔찍한 신음 소리를 내더니 스크린에서 초록색 불빛이 확 타올랐다. 이어 컴퓨터 회로에서 하얀 연기가 솟아올랐다.

"돼-에-엣-다!"

환성을 지르려고 했지만 말을 맺기도 전에 컴퓨터의 목소리가 끊겼다.

빛이 갑자기 사라졌다. 눈을 떴을 때, 조지는 창문이 사라지고 대신 출입구가 나타나 있는 걸 보았다. 그리고 문이 갑자기 활짝 열리자 방 안이 폭발에서 비롯된 밝은 섬광으로 가득 찼다. 문간 한복판에 우주복을 입은 한 남자의 형체가 서 있었다. 그 남자 뒤에는 문이 열려 있고, 그 너머로 보이는 조용한 우주 공간에는 더 이상 블랙홀이 존재하지 않았다.

30장

에릭이 헬멧을 벗고 마치 물에 들어갔다 나온 강아지처럼 몸을 흔들었다.
"이제 좀 낫군!"

그러곤 주위를 둘러보며 말했다.
"그런데 내가 어디에 있는 거지? 그리고 무슨 일이 일어난 거지?"
테에 노란 유리가 끼워져 있는 안경이 코에서 미끄러졌다. 에릭이 놀란 눈으로 안경을 보며 말했다.
"이건 내 안경이 아닌데!"
그리고 코스모스를 흘끗 쳐다보았다. 코스모스의 스크린

에는 아무것도 보이지 않고 자
판에서는 검은 연기가 모락
모락 피어오르고 있었다.

애니가 앞으로 달려가
에릭을 힘껏 껴안았다.

"아빠!"

애니가 우는 소리로 말했다.

"아빠가 블랙홀 안으로 떨어졌
었어요! 그리고 조지가 참 영리하게도, 아빠를
구했어요. 아빠가 남긴 메모를 보고 아빠가 블랙홀에서 빠져나올
수 있다는 걸 알아낸 거예요. 하지만 먼저 코스모스를 찾아야 했
어요. 코스모스를 어떤 나쁜 사람이 훔쳐 갔었거든요."

"천천히 말하렴, 애니. 천천히 말해!"

에릭은 아직 얼떨떨한 것 같았다.

"그러니까, 내가 블랙홀 안에 있다 다시 나왔다는 거니? 그거
정말 놀랍구나! 그렇다면 내가 옳았다는 거군. 그동안 블랙홀에
관해 연구한 게 모두 옳다는 뜻이야. 블랙홀 안으로 들어간 정보
는 영원히 사라지는 게 아니었어. 이제 알겠구나! 정말 놀라워. 내
가 나올 수 있다면, 이제……."

"여보!"

수잔이 부르는 소리에 에릭이 깜짝 놀라며 돌아보았다.

"오, 수잔."

에릭이 다소 부끄럽고 당황한 표정을 지으며 노란 안경을 수잔에게 건네주었다.

"혹시 당신한테 내 다른 안경이 있소?"

에릭이 미안해하며 물었다.

"내가 블랙홀에서 다른 사람의 안경을 끼고 나온 것 같구려."

"애들 둘이서 당신을 구하려고 온 마을을 이리저리 뛰어다녔어요."

수잔이 핸드백에 손을 넣어 에릭이 평소에 쓰던 안경을 꺼내며 말했다.

"그 바람에 학교를 무단결석했고, 조지는 당신 때문에 그렇게 참가하고 싶어 하던 과학 발표 대회도 놓치고 말았다고요. 최소한 고맙다는 말은 해야 하는 거 아니에요? 특히 조지한테 말이에요. 조지가 혼자서 모든 걸 알아냈어요. 그레이엄과 블랙홀과 그 밖의 모든 것에 대해서 말이에요. 그리고 이 안경은 절대로 잃어버리지 말아요!"

"고맙다, 애니."

에릭이 딸을 부드럽게 토닥이며 안경을 평소대로 코에 비딱하게 썼다.

"그리고 고맙구나, 조지. 넌 정말 용감하고 똑똑했어."

"별말씀을요."

조지는 자기 발치를 내려다보며 말했다.

"아저씨를 구한 건 제가 아니라 코스모스예요."

"아냐, 그렇지 않아. 네가 아니었다면 코스모스가 나를 구하지 못했을 거야. 네 덕분에 내가 이렇게 여기 있는 거야, 안 그러니?"

"그거야 뭐."

조지는 쑥스러운지 다소 무뚝뚝하게 말했다.

"그런데 코스모스는 괜찮을까요?"

이 위대한 컴퓨터는 여전히 스크린이 나간 채 조용하기만 했다.

에릭이 애니를 품에서 놓고 코스모스에게 다가갔다.

"가엾은 것."

그리고 컴퓨터의 전원을 뽑고 모니터를 접어서 겨드랑이 밑에 끼우며 말했다.

"녀석은 아무래도 조금 쉬어야 할 것 같구나. 이제 집으로 가서 내가 새로 발견한 사실들을 상세히 기록해야겠다. 내가 엄청 놀라운 발견을 했다는 사실을 다른 과학자들에게 당장 알려야 해. 그래야……."

수잔이 요란하게 기침을 하면서 남편을 노려보았다.

에릭이 당황해서 아내를 바라보았다.

"왜 그래요?"

에릭의 입이 크게 벌어졌다.

"조지요!"

수잔이 화가 나서 큰 소리로 되받았다.

"아, 내 정신 좀 봐!"

에릭이 자기 이마를 세게 치면서 말했다. 그리고 조지를 향해 돌아섰다.

"정말 미안하구나! 우선 학교로 돌아가서 네가 아직 과학 발표 대회에 참가할 수 있는지 알아봐야겠다고 말한다는 게 그만 헛말이 튀어나오고 말았구나. 안 그렇소, 여보?"

그러자 수잔이 고개를 끄덕이며 미소를 지었다.

"하지만 그럴 수 있을지……."

조지는 걱정스러운 표정으로 말했다.

"자동차로 빨리 가면 네 순서에 늦지는 않을 거야."

에릭이 단호하게 말하고는 우주복을 입은 채 절거덕거리며 문

쪽으로 걸어가기 시작했다.

"어서 가자."

그리고 주위를 둘러보았지만 아무도 그를 따라오지 않았다.

"또 뭐야?"

에릭이 눈썹을 치켜 올리며 물었다.

"아빠!"

애니가 어이없다는 투로 말했다.

"그런 차림으로 조지네 학교에 가실 거예요?"

"나는 사람들이 신경 쓰지 않을 거라고 생각하지만, 네가 굳이 그렇게 말한다면……."

에릭이 투덜거리며 우주복을 벗자 그 안에 평상복이 드러났다. 에릭이 손으로 머리카락을 쓸면서 말했다.

"그런데, 대체 여긴 어디요? 난 전혀 모르겠는데."

"여긴 그레이엄 리퍼의 집이에요, 에릭."

수잔이 설명했다.

"그레이엄이 당신에게 그 편지를 썼고, 당신이 우주에 가서 결코 돌아오지 못할 거라 생각하고 코스모스를 훔쳐 간 거예요."

"이럴 수가!"

에릭은 금방이라도 숨이 넘어갈 것 같았다.

"그레이엄이 일부러 그랬단 말이오? 그 친구가 정말 코스모스를 훔쳤단 말이오?"

"내가 뭐랬어요, 그 사람은 당신을 결코 용서하지 않을 거라고 했잖아요."

"오, 맙소사."

에릭이 우주 장화를 힘겹게 벗으면서 슬프게 말했다.

"정말 안타까운 얘기군."

"저기, 에릭 아저씨."

조지가 끼어들었다.

"아저씨하고 리퍼 선생님에게 무슨 일이 있었던 거죠? 제 말은, 선생님이 왜 아저씨를 블랙홀로 꾀어냈냐는 거예요. 그리고 왜 아저씨를 용서하지 않는다는 거죠?"

"오, 조지."

에릭이 우주 장화를 흔들면서 말했다.

"그 얘기를 하자면 아주 길단다. 그레이엄과 내가 한때 같이 일했다는 건 알고 있니?"

그리고 재킷 안쪽 주머니로 손을 넣었다. 지갑에서 짓구겨진 낡은 사진 한 장을 꺼낸 에릭이 그걸 조지에게 건네주었다. 조지는 사진 속에서 두 명의 젊은 청년을 보았다. 그리고 그들 중간에는 하얀 수염을 길게 기른 나이 지긋한 노인이 있었다. 젊은 청년 둘은 모두

하얀색 모피 후드가 달린 까만색 가운을 입었고, 세 사람 모두 카메라를 보며 환하게 웃고 있었다. 오른쪽에 있는 남자는 텁수룩한 검은 머리에 테가 두꺼운 안경을 꼈는데, 그 안경이 이상한 각도로 약간 기울어져 있었다.

"이 사람이 아저씨로군요!"

조지는 사진을 가리키면서 외쳤다. 그리고 다른 청년의 얼굴을 살폈다. 왠지 낯이 익었다.

"그리고 이 사람은, 리퍼 선생님 같아요! 하지만 지금처럼 무섭거나 기이하지 않고 상냥해 보이네요."

"그레이엄은 나의 단짝 친구였단다."

에릭이 조용히 말했다.

"우리는 여기 이 마을에 있는 대학에서 물리학을 함께 공부했어. 그 사진 중앙에 있는 분이 우리의 스승이셨지. 아주 뛰어난 우주학자셨단다. 바로 코스모스의 개념을 발명하신 분이지. 그레이엄과 나는 코스모스의 초기 원형에 대한 연구를 함께했지. 우주에 관한 지식을 넓히려면 우주 공간을 탐험해야 하는데, 우린 바로 그 일을 도와줄 기계를 만들고 싶어 했단다. 그때까지만 해도, 그레이엄과 나는 매우 잘 지냈어."

에릭이 먼 곳을 응시하면서 계속 말했다.

"하지만 얼마 뒤 그 친구가 이상하게 변하더니 냉정해졌지. 나는 그 친구가 코스모스를 자기 혼자만 갖고 싶어 한다는 걸 깨달았단다. 그는 인류에게 이로운 지식을 계속해서 탐구하는 걸 바라지 않았어. 자기 자신의 부와 권력을 누리는 데 코스모스를 이용하고 싶어 했던 거지. 그 경이로운 우주를 자기 혼자만의 이익을 위해 이용하려 한 거야. 당시 코스모스는 지금과 아주 달랐단다. 녀석은 아주 거대한 컴퓨터였지. 지하실 전체를 차지할 정도로 말이야. 그렇지만 능력은 현재의 절반밖에 되지 않았어. 그런데 어느 날 저녁, 난 그레이엄이 코스모스를 자신의 끔찍한 목적을 위해 사용하려는 것을 목격했단다. 난 그를 막으려고 했고……. 무서운 일이 벌어졌지. 그 뒤로 모든 게 변했단다."

에릭이 갑자기 조용해졌다.

"뭐죠? 무서운 일이라뇨?"

애니가 물었다.

수잔이 고개를 끄덕였다.

"애니, 그 일에 대해서는 네 아빠한테 더 이상 묻지 말거라. 오늘은 이걸로 충분해."

31장

    조지의 학교 강당에서는 학생들이 지루함을 참지 못해 몸을 비비 틀고 있었다. 다른 학교에서 온 대회 참가자들이 초조하고 진지한 표정을 지으며 주의를 끌기 위해 안간힘을 쓰는 동안, 학생들은 자리를 이리저리 옮겨 다니는가 하면 서로 수군대며 킥킥거렸다. 그러나 맨 앞줄에 교장 선생님을 비롯한 다른 심사 위원들

과 함께 앉아 있는 리퍼는 누구보다 더 초조해했다.

"가만히 좀 앉아 계시오, 리퍼 선생! 어이쿠, 사람하곤!"

교장 선생님이 작은 소리로 투덜거렸다. 그는 다른 학교에서 온 선생님들 앞에서 너무 졸렬하게 행동하는 리퍼에게 화가 잔뜩 나 있었다. 지금까지 리퍼는 어떤 발표도 귀 기울여 듣지 않았을 뿐더러 단 한 개의 질문도 하지 않았다. 그저 초조하게 프로그램의 순서만 체크하며 목을 쭉 빼고 뒤에 있는 강당 쪽만 자꾸 둘러볼 뿐이었다.

"제가 가서 조지가 발표를 얼마나 빨리 할 수 있는지 확인해 봐야겠습니다."

리퍼가 교장 선생님에게 속삭였다.

"그러지 말고 가만히 좀 계시오!"

교장 선생님이 침을 튀기며 불평했다.

"조지는 선생이 신경 쓰지 않아도 아주 잘할 겁니다. 발표에 관심이라도 좀 보여 주지 않겠소? 지금 선생께서 우리 학교의 명예를 실추시키고 있다는 걸 명심하시오."

무대 위에서는 한 학생이 공룡의 잔재에 관한 발표를 마치며 지친 청중에게 결론을 말하고 있었다.

"바로 그렇게 해서, 공룡이 2억 3천만 년 전 우리의 지구에 처음 나타났다는 사실을 알게 된 것입니다."

선생님들은 소년이 무대에서 내려와 자기 학교 학생들이

앉아 있는 곳으로 돌아가는 동안 열렬히 박수를 쳐 주었다.

교장 선생님이 자리에서 일어섰다.

"자, 이제 마지막 참가자만 남았습니다. 조지 그린비, 바로 우리 학교 학생입니다! 조지를 큰 박수로 맞아 주시기 바랍니다. 이 학생이 오늘 발표할 주제는……."

교장 선생님이 쪽지에 적힌 내용을 읽다 잠시 머뭇거렸다.

"아니, 아니, 그게 맞아요."

리퍼가 자리에서 일어서며 허둥지둥 말했다.

"조지가 발표할 내용은 세상에서 가장 놀라운 컴퓨터 코스모스와 그 컴퓨터의 작동 방법에 대한 것입니다. 조지에게 큰 박수를 보냅시다!"

리퍼가 큰 소리로 응원을 했지만 아무도 동조하지 않았다. 조지가 나타나길 기다리는 동안 긴 침묵이 이어졌다. 하지만 시간이 지나도 조지가 나타나지 않자, 아이들은 빨리 집에 갈 수 있다는 생각에 흥분해서 시끄럽게 떠들어 대기 시작했다. 강당 안이 순식간에 소란스러워졌다.

교장 선생님이 손목시계를 보며 심사 위원들에게 말했다.

"2분만 더 기다려 보도록 하지요. 만약 그때까지도 나타나지 않으면, 이 학생은 자격을 잃게 될 테니 그때 수상자를 선정하도록 하겠습니다."

학생들과 마찬가지로 교장 선생님도 집에 일찍 돌아가 성가신 아이들의 방해를 받지 않고 두 다리를 쭉 뻗은 채 차와 케이크 한 조각을 먹을 수 있으면 얼마나 좋을까 하고 생각했다.

시계가 똑딱거리며 갔지만 여전히 조지가 나타날 기미는 보이지 않았다. 이제 몇 초밖에 남지 않았다. 이윽고 교장 선생님이 심사 위원들을 향해 돌아서서 대회가 끝났음을 알리려는 순간, 강당 뒤에서 몇몇 사람이 서둘러 들어오는 광경이 보였다. 겨드랑이에 컴퓨터를 끼고 있는 남자를 포함해서 어른 두 명과 금발 소녀 하나 그리고 소년, 이렇게 네 사람이 들어오고 있었다.

소년이 강당 앞으로 곧장 달려와서 말했다.

"선생님, 아직 늦지 않았죠?"

"그래, 늦지 않았단다, 조지."

마침내 조지가 나타나자 교장 선생님이 안도의 숨을 내쉬며 대답했다.

"얼른 무대 위로 올라가거라. 행운을 빈다! 우리 모두 너한테 기대가 크다는 걸 잊지 말거라!"

조지는 무대 한가운데로 올라가 섰다.

"안녕하세요, 여러분."

조지는 가냘픈 목소리로 말했다. 청중은 조지를 무시한 채 계속 서로 밀고 당기고 쿡쿡 쑤시며 장난을 치고 있었다.

"안녕하세요?"

조지는 다시 말했다. 그리고 잠시 초조함과 바보가 된 느낌 때문에 가만히 서 있었다. 그때 문득 이곳으로 오는 동안 자동차 안에서 에릭이 해 준 말이 떠올랐다. 자신감이 생겼다. 조지는 몸을 꼿꼿이 세우고 두 팔을 양쪽으로 뻗은 다음 소리쳤다.

"안녕하십니까, 알데바쉬 학생 여러분!"

청중 속의 아이들이 놀라서 조용해졌다.

"안녕하시냐고 했습니다, 알데바쉬 학생 여러분!"

"안녕, 조지!"

강당에 있는 학생 모두가 큰 소리로 말했다.

"뒤에도 제 목소리가 들리십니까?"

조지가 큰 소리로 물었다. 강당 뒷벽에 몸을 기대고 있던 에릭이 엄지손가락 두 개를 올려 보였다.

"제 이름은 조지 그린비입니다."

조지는 계속 말을 이어 나갔다.

"그리고 오늘 제가 발표할 제목은 '우주의 문을 여는 나의 비밀 열쇠'입니다."

"아냐!"

리퍼가 자리에서 벌떡 일어나며 외쳤다.

"그게 아니야!"

"조용히 좀 하시오!"

교장 선생님이 화가 나서 꾸짖었다.

"저는 이만 실례하겠습니다."

리퍼가 성질을 이기지 못하고 자리에서 벌떡 일어섰다. 그리고 군중을 헤치고 강당 밖으로 나가려 했다. 중앙 복도를 따라 중간쯤 갔을 때 저만치 에릭이 서 있는 게 보였다. 에릭이 그에게 손짓을 하고는 미소를 지으며 겨드랑이 밑에 끼고 있는 코스모스를 가볍게 두드렸다. 순간, 리퍼의 낯빛이 창백해졌다. 그는 다시 앞에 있는 자기 자리로 살금살금 돌아가 조용히 앉았다.

"저는 정말로 행운아입니다."

조지는 발표를 계속했다.

"저를 위해 우주의 문을 열어 주는 비밀 열쇠를 찾았으니까요. 이 비밀 열쇠 때문에, 저는 우주에 관한 온갖 일들을 알아낼 수 있었습니다. 그래서 저는 제가 배운 내용 일부를 여러분과 함께 나눠야겠다고 생각했습니다. 왜냐하면 그것은 우리가 어떻게 생겨났는지, 즉 우리가 무엇으로 만들어졌고, 우리의 지구와 우리의 태양계가 무엇으로 만들어졌는지, 그리고 우리의 미래가 어떻게 될지에 관한 것이기 때문입니다. 우리는 어디로 가고 있을까요? 그리고 앞으로 몇 백 년 동안 생존하기 위해서 우리는 어떻게 해야 할까요? 제가 여러분에게 이런 말을 하고 싶었던 까닭은, 과학이 정말로 중요하기 때문입니다. 과학이 없다면, 우리는 아무것

도 이해하지 못합니다. 하물며 과학이 없다면 어떻게 우리가 올바른 무언가를 얻거나 어떤 좋은 결정을 내릴 수 있겠습니까? 어떤 사람들은 과학이 지루하다고 생각하고, 또 어떤 사람들은 과학이 위험하다고 생각합니다. 우리가 과학에 관심을 갖지 않고, 과학에 대해 배우거나 과학을 적절히 이용하지 않는다면, 혹시 지루하고 위험할지도 모릅니다. 그러나 여러분이 과학을 이해하려고 노력한다면, 과학은 아주 흥미로울 뿐만 아니라 우리와 우리 지구의 미래에도 매우 중요합니다."

모든 사람이 이제 조지의 말을 경청하고 있었다. 말을 잠시 멈추자, 강당 안은 쥐 죽은 듯이 조용해졌.

조지는 다시 말을 이어나갔다.

"수십억 년 전, 우주 공간에는 가스와 먼지로 된 구름들이 떠돌고 있었습니다. 처음에 이 구름들은 매우 멀리 떨어진 채 흩어져 있었습니다. 하지만 시간이 흐르면서 중력 때문에 크기가 차츰 줄어들고 밀도가 점점 더 높아지기 시작했지요……."

지구

🌍 지구는 태양에서 세 번째로 가까운 행성이다.

🌍 태양까지의 평균 거리 : 1억 4960만 킬로미터

> 지구 표면의 70.8퍼센트는 액체 물로 뒤덮여 있으며 나머지는 7개의 대륙으로 나뉘어져 있다. 이 대륙들은 아시아(지구 육지 면적의 29.5퍼센트), 아프리카(20.5퍼센트), 북아메리카(16.5퍼센트), 남아메리카(12퍼센트), 남극 대륙(9퍼센트), 유럽(7퍼센트) 그리고 오스트레일리아(5퍼센트)이다. 이러한 분류는 주로 문화적인 것이다. 예컨대, 아시아와 유럽은 전혀 바다로 나뉘어져 있지 않기 때문이다. 지질학적으로, 바다로 분리되어 있는 대륙은 오직 4개뿐이다. 즉 유라시아-아프리카(육지 면적의 57퍼센트), 아메리카(28.5퍼센트), 남극 대륙(9퍼센트) 그리고 오스트레일리아(5퍼센트)가 그것이다. 나머지 0.5퍼센트는 주로 중앙태평양과 남태평양에서 오세아니아에 걸쳐 흩어져 있는 섬들로 이루어져 있다.

🌍 지구의 하루는 24시간으로 나뉘지만, 실제로 지구가 자전(축을 중심으로 스스로 도는 운동)하는 데는 23시간 56분 4초가 걸린다. 3분 56초의 차이가 있는 것이다. 1년에 걸쳐 이 차이가 누적되어 공전(한 천체가 다른 천체 주위를 도는 운동)을 한 번 할 때마다 한 번의 자전에 해당하는 크기가 된다.

🌍 지구의 1년은 지구가 태양 주위를 완전히 한 바퀴 도는 데 걸리는 시간이다. 시간이 지나면서 아주 약간 달라질 수 있지만, 대략 365.25일 정도이다.

🌍 지구는 지금까지 우주에서 생명체를 품고 있는 것으로 알려진 유일한 행성이다.

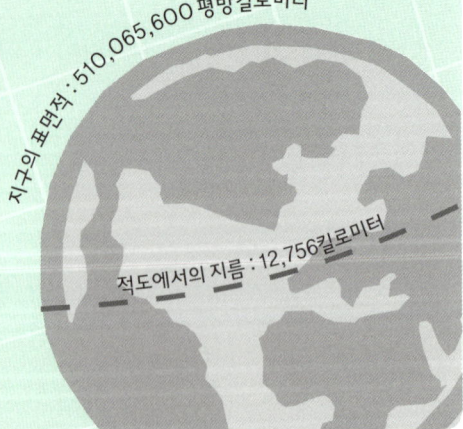

지구의 표면적 : 510,065,600 평방킬로미터

적도에서의 지름 : 12,756킬로미터

32장

"그래서 어쨌다는 거야? 이렇게 묻는 분이 있을지도 모릅니다."
조지는 발표를 계속했다.

"먼지 구름이 대체 무엇과 어떤 관계가 있다는 거지? 우리가 왜 우주에서 수십억 년 전에 일어났던 일에 관심을 갖고 또 알아야 하는 거지? 그게 그렇게 중요한가? 네, 그렇습니다. 굉장히 중요합니다. 왜냐하면 그 먼지 구름이 우리가 오늘 여기에 존재하는 이유이기 때문입니다. 이제 우리는 별이 우주의 거대한 먼지 구름으로부터 형성된다는 사실을 알고 있습니다. 이러한 별들 일부는 거대한 폭발로 사라질 때까지 서서히, 아주 서서히 물질을 내보내는 블랙홀이 되는 것으로 생을 마감합니다. 또 어떤 별들은 블랙홀이 되기 전에 폭발해서 그 안에 있는 모든 물질을 우주로 내보내기도 합니다. 우리는 우리의 몸을 이루고 있는 모든 원소가 오래전에 폭발한 이러한 별들의 중심에서 만들어졌다는 사실을 알

고 있습니다. 지구상의 모든 사람과 동물과 식물과 암석과 공기와 바다가 다 별 안에서 만들어진 원소들로 이루어져 있습니다. 우리가 어떤 생각을 하든, 우리는 모두 별의 자식들입니다. 자연이 이러한 원소들로부터 우리를 만드는 데 수십억 년의 수십억 년이 걸렸습니다."

조지는 잠시 말을 멈추었다 계속했다.

"이제 여러분은 우리와 우리의 행성을 만드는 데 믿을 수 없을 정도로 오랜 시간이 걸렸다는 것을 아셨습니다. 그리고 우리의 지구는 태양계의 다른 어떤 행성과도 다릅니다. 지구보다 더 크고 더 인상적인 행성들이 있지만, 그러한 행성들은 여러분이 고향으로 생각할 수 없는 곳들입니다. 예를 들면, 금성은 정말로 뜨겁습니다. 또 수성에서는 하루가 우리 지구로 치면 59일이나 지속됩니다! 학교에서의 하루가 59일이나 지속된다고 한번 상상해 보십시오! 그건 정말로 끔찍할 겁니다."

이제 강당 전체는 태양계의 경이를 설명하는 조지의 말 한 마디 한 마디에 열중하고 있었다. 마침내 조지는 가장 중요한 내용을 설명해야 하는 막바지에 도달했다.

"우리의 지구는 놀랍고 또한 그것은 우리의 것입니다. 우리는 그 지구에 속해 있습니다. 우리 모두가 이 지구 자체와 똑같은 물질로 이루어져 있습니다. 우리는 정말로 이 지구를 잘 보살펴야만 합니다. 저희 아빠는 이 말씀을 오랫동안 해 왔지만, 저는 그런 아빠가 창피하다고만 생각했습니다. 저는 저희 아빠가 다른 부모와 너무나 다르다는 사실밖에 보지 못했습니다. 그러나 이제는 그렇게 생각하지 않습니다. 우리가 지구를 오염시키는 걸 멈춰야 한다는 아빠의 말씀이 옳습니다. 그리고 우리 모두가 조금씩 더 노력을 해야 한다는 아빠의 말씀도 옳습니다. 저는 이제 지구처럼 이 세상에 단 하나밖에 없고 아름다운 무언가를 보호하려고 애쓰시는 아빠가 자랑스럽습니다. 그러나 우리 모두 그렇게 해야 합니다. 그러지 않는다면 아무 효과가 없을 것입니다. 그리고 결국 우리의 사랑스러운 지구는 파괴되고 말 것입니다. 물론, 우리가 살 수 있는 또 다른 행성을 찾는 데 노력을 기울일 수도 있지만, 그 일은 쉽지 않을 것입니다. 우리는 가까운 우주에 그러한 행성이 없다는 것을 알고 있습니다. 따라서 만약 또 다른 지구가 저 우주 밖에 있다면, 아마도 그렇겠지만, 그것은 아주, 아주 멀리 떨어져 있을 것입니다. 저 우주 바깥에서 새로운 행성과 새로운 세계를 발견하려고 애쓰는 것은 매우 흥미로운 일입니다. 하지만 그렇다고 해서 고향이 돌아가고 싶지 않은 곳이 되어서는 안 됩니다. 우리는 백 년 뒤에도 여전히 돌아갈 지구를 가질 수 있어야 합니다. 여러분은 제가 이 모든 내용을 어떻게 알고 있는지 궁금하실

겁니다. 제가 여러분에게 말하고 싶은 또 한 가지는, 여러분이 굳이 저처럼 우주로 들어가는 문을 열고 지구를 도와줄 비밀 열쇠를 찾을 필요는 없다는 것입니다. 왜냐하면 누구나 배우기만 하면 사용할 수 있는 열쇠가 있기 때문입니다. 그것은 바로 '물리학'이라고 하는 것입니다. 그것이 바로 여러분이 우주를 이해하기 위해 필요한 것입니다. 고맙습니다!"

모든 사람이 자리에서 일어나 강당이 떠나갈 듯 열렬한 박수갈채를 보냈다. 교장 선생님이 눈물을 훔치며 강당 위로 뛰어 올라가 조지의 등을 가볍게 토닥였다.

"잘했다, 조지! 잘했어!"

교장 선생님이 조지의 팔을 펌프질하듯 위아래로 흔들면서 힘있게 악수했다. 조지는 얼굴이 빨개졌다. 박수갈채에 당황해서, 그것이 멈추기만 바랐다.

무대 아래 있는 리퍼 역시 울고 있었다. 하지만 교장 선생님과 달리 자부심이나 행복감 때문에 그런 게 아니었다. 그는 아주 다른 이유 때문에 흐느끼고 있었다.

"코스모스!"

리퍼가 격노해서 낮게 소리쳤다.

"거의 다 된 거나 마찬가지였는데! 너를 내 손에 넣었었는데! 그런데 저 녀석이 훔쳐 갔어!"

교장 선생님이 조지가 연단에서 내려오는 것을 도와주었다. 그리고 동료 심사 위원들과 간단히 의논을 했다. 그러나 리퍼와는 얘기를 나눌 수가 없었다. 리퍼가 자리에 웅크리고 앉은 채 속으로 뭐라 중얼거리면서 조지를 험악한 표정으로 노려보고 있었기 때문이다. 교장 선생님이 몇 차례 호각을 날카롭게 불었다. 소란하던 강당 안이 이내 조용해졌다.

"에헴!"

교장 선생님이 목을 가다듬었다.

"올해의 학교 간 과학 탐구 발표 대회 우승자는 심사 위원들의 만장일치로, 거의 만장일치로, 조지 그린비가 되었음을 알려드립니다!"

강당에 있던 사람들이 일제히 환호를 보냈다.

"조지의 발표는 매우 훌륭했습니다. 저는 조지가 우리 후원자들께서 기꺼이 기부해 주신 멋진 컴퓨터를 수상하게 되어 진심으로 기쁘게 생각합니다."

다른 심사위원들 중 하나가 테이블 밑에서 커다란 종이 상자 하나를 꺼내 조지에게 건네주었다.

"고맙습니다, 선생님. 고맙습니다!"

조지는 이런 경험을 하게 된 것과 자신이 막 받은 커다란 상에 감정이 복받쳤다. 조지는 상자를 두 손으로 꼭 잡고 중앙 복도를 따라 비틀거리며 출구 쪽으로 나아갔다. 조지가 지나가는 동안 모든 아이들이 웃으며 박수를 쳐 주었다. 하지만 맨 뒷줄에 앉아 있는 소년들 몇몇만은 박수를 치지 않았다. 그들은 팔짱을 낀 채 조지를 노려보고 있었다.

"이게 끝이라고 생각하면 큰 오산이야."

조지가 다가오자 링고가 불만스럽게 말했다.

조지는 링고를 무시하고 계속 걸어 에릭과 수잔, 애니에게로 갔다.

"해냈구나, 조지! 정말 자랑스럽다!"

에릭이 커다란 상자를 들고 있는 조지를 껴안으면서 말했다.

"조지! 정말 멋졌어."

애니가 약간 부끄럽게 말했다.

"난 네가 무대 위에서 그렇게 잘하리라고는 생각도 못했어. 과학에 대한 네 얘기도 굉장히 훌륭했고 말이야."

"내가 제대로 말했니?"

에릭이 커다란 상자를 받아 주었고, 조지는 불안한 표정으로 애니에게 물었다.

"'수십억'이라고 말한 거 말이야. '수백억'이라고 말했어야 하는 거 아니야? 그리고 목성에 대해 말할 때, 혹시······."

"아냐! 전부 잘했어. 안 그래요, 아빠?"

에릭이 고개를 끄덕이며 환히 웃어 보였다.

"특히 마지막 부분은 압권이었단다. 정말 대단히 잘했어. 그리고 일등 상까지 받았잖니. 정말 기쁘지?"

"네."

조지가 대답했다.

"하지만 한 가지 문제가 있어요. 집에 컴퓨터를 갖고 가서 부모님께 뭐라고 말씀드리죠? 무척 화를 내실 거예요."

"아니, 엄마 아빠도 굉장히 자랑스러워하실 거야."

어떤 목소리가 말했다.

조지는 뒤를 돌아보았다. 수잔 옆에 조지의 아빠 테렌스가 서 있었다. 입이 딱 벌어졌다.

"아빠? 여기 계셨어요? 제가 발표하는 걸 들으신 거예요?"

조지가 물었다.

"그럼, 들었고말고."

테렌스가 말했다.

"엄마가 아빠더러 학교에 가서 너를 데려오라고 했단다. 오늘 아침부터 엄마가 널 무척 걱정하셨거든. 그래서 이렇게 왔다가 네 발표를 듣게 되었지 뭐니. 아빤 네가 잘해서 정말로 기쁘단다, 조지. 네 생각이 옳아. 우린 이제 더 이상 과학을 두려워하지 않을 거야. 이 지구를 구하기 위해 과학을 이용해야지, 과학을 거부해서는 안 되는 거였어."

"그럼 컴퓨터를 가져도 괜찮다는 건가요?"

조지의 목소리가 갈라져 나왔다.

아빠가 미소를 지었다.

"그럼, 넌 그걸 가질 자격이 충분하니까. 하지만 명심해

라. 일주일에 한 시간씩만이야. 그러지 않으면 자가발전기가 유지될 수 없을 테니까."

그때 뒤에서 갑자기 소동이 벌어졌다. 그들은 허둥지둥 군중을 헤치고 나가는 리퍼 때문에 한쪽으로 난폭하게 밀쳐졌다. 링고와 그의 패거리들이 리퍼의 뒤를 따라갔다. 하나같이 굉장히 화가 나 있는 것 같았다.

조지는 그들의 뒷모습을 보고 에릭에게 돌아섰다.

"그리퍼 아니, 리퍼 선생님에 대해 뭔가 조치를 취해야 하지 않아요? 벌을 준다던가, 뭐 그런 거 말이에요?"

"어, 아니."

에릭이 우울하게 말했다.

"내 생각에, 그레이엄은 이미 충분히 벌을 받은 것 같구나. 그냥 놔 두자. 살다 보면 언젠가는 다시 마주치겠지."

"하지만…… 하지만……."

조지는 더듬거리며 말을 이었다.

"에릭 아저씨, 여쭤 보고 싶은 게 있는데요. 리퍼 선생님이 아저씨를 어떻게 찾은 거죠? 제 말은, 아저씨가 어디로 갔는지도 모를 텐데, 선생님이 여기서 아저씨를 기다렸고, 결국 그의 생각이 옳았잖아요. 리퍼 선생님이 어떻게 안 거죠?"

"아, 그건, 너희 옆집이 바로 나의 옛 스승 댁이었거든. 사진 속에 있던 수염을 기른 남자 말이야."

"하지만 그 노인은 흔적도 없이 사라졌다고 했어요!"
조지가 말했다.
"그렇다고도 할 수 있지."
에릭이 대답했다.
"얼마 전 그분한테 편지를 받았는데, 아주 긴 여행을 떠나셨대. 돌아올지 안 돌아올지 혹은 언제 돌아올지도 확실히 모르겠다고 하시더구나. 그분은 내가 당신의 집에서 살길 바란다고 하셨어. 나한테 코스모스에 대해 연구할 장소가 필요할 때를 위해서 말이야. 그분은 그레이엄이 여기서 날 기다릴 거라고는 상상도 못했을 거야. 그렇게 오랜 세월 동안 말이지."
"그분은 어디로 가셨는데요?"
조지가 물었다.

"그분은······."

에릭이 말을 하려는 순간, 수잔이 끼어들었다.

"집에 가서 차나 한 잔 해요."

수잔이 재빨리 말하며 테렌스를 돌아보았다.

"제가 모셔다 드려도 될까요?"

"오, 아닙니다!"

테렌스가 손사래를 치면서 사양했다.

"저는 자전거가 있습니다. 핸들 위에 컴퓨터를 싣고 집까지 갈 수 있을 겁니다."

"아빠!"

조지는 버럭 고함을 질렀다.

"제발요! 컴퓨터가 떨어질지도 몰라요."

"그럼, 조지는 걱정 마세요. 제가 집까지 태워다 줄 테니."

수잔이 말했다.

"조금 비좁기는 하지만 제 작은 자동차 안에 얼마나 많은 사람이 탈 수 있는지 알면 놀라실 거예요."

그날 밤 조지의 집에서는 에릭과 수잔과 애니를 초대했다. 그리고 촛불이 켜진 식탁에 모두가 둘러앉아 집에서 재배한 채소로 만든 맛있는 저녁을 먹었다. 에릭과 테렌스가 새로운 행성을 찾는 게 중요한지 아니면 이 지구를 구하려고 노력하는 게 더 중요한지에 대한 길고 즐거운 토론에 푹 빠져 있는 동안 수잔은 조지를 도와 반짝반짝 빛나는 새 컴퓨터를 설치해 주었다.

애니는 마당으로 나가서 돼지우리 안에 있는 프레디에게 먹이를 주었다. 그리고 왠지 외로워 보이는 돼지와 시간을 보낸 뒤, 조지의 엄마 데이지에게 발레의 모든 스텝을 보여 주고 터무니없는 이야기들을 많이 들려주었다. 데이지는 그 애의 흥을 깨지 않으려

고 그 이야기들을 정말로 믿는 체했다.

생태 보호 운동가들이 과학자들의 회의 때 와서 강연을 할 수 있도록 자리 마련도 해 주고 '호두까기 인형' 공연도 함께 보러 가자는 등 애니네 가족이 많은 약속을 남긴 채 떠난 뒤, 조지는 2층에 있는 자기 방으로 올라갔다.

조지는 매우 지쳐 있었다. 잠옷으로 갈아입기는 했지만 커튼은 치지 않았다. 이불 속에 누워 창밖을 보고 싶었다.

그날 저녁은 맑았고 밤하늘에는 무수히 많은 별들이 밝게 빛나고 있었다. 조지가 지켜보는 동안, 별똥별 하나가 어두운 배경을 가로질러 떨어졌다. 그리고 빛나는 긴 꼬리가 잠시 밝게 타오르더니 이내 흔적도 없이 사라졌다.

'어쩌면 별똥별은 혜성 꼬리의 한 조각인지도 몰라.'

조지는 스르르 잠들면서 이렇게 생각했다.

'혜성이 태양 옆으로 지나가면 따뜻해져서 혜성 위의 얼음이 녹기 시작하는 거야.'

〈1부 마침〉

옮긴이의 글

"Twinkle, twinkle, little star……."로 시작되는 〈작은 별〉은 가장 널리 알려진 영국의 동요 가운데 하나입니다. 밤하늘에서 반짝이는 작은 별을 바라보면서 그게 무엇일지 궁금해 하며 마치 다이아몬드 같다고 상상하는 모습에는 영원한 동경의 대상인 신비한 별에 대한 동심이 잘 담겨 있지요.

만약 이 노래를 천문학자가 부른다면 어떻게 바뀔까요. '별은 매우 멀리 떨어져 있는 가스 공이에요. 별이 빛을 내는 것은 핵융합 때 발생하는 에너지 때문이지요. 별이 반짝거리게 보이는 것은 별빛이 지구의 대기를 통과하면서 산란 현상을 일으키기 때문이랍니다. 별은 초신성 단계에 들어가면 엄청나게 밝은 빛을 내뿜으면서 폭발하고, 아주 무거운 별인 경우에는 블랙홀이 된답니다!' 전자는 어린아이의 동심에만 의존해서 너무 막연하고, 후자는 사실만 열거해서 너무 딱딱하고 재미없지요.

판타지 같은 재미도 주면서 명쾌한 과학적 지식도 동시에 제공하는 아동 과학서를 찾는다면 여기에 그 한 가지 해답이 있습니다. 아인슈타인 이후 최고의 이론물리학자로 손꼽히는 스티븐 호킹이 기자이자 작가인 딸 루시 호킹과 제자인 크리스토프 갈파드와 함께 《조지의 우주를 여는 비밀 열쇠》를 펴냈거든요. 동심과 과학이 잘 어우러진 이 책은 "과학을 공상 과학 소설처럼 신나고 재미있게 만드는 것이 목표"라는 호킹 박사의 의도에 걸맞게 공상 과학 소설 같은 형식을 빌면서 자칫 어렵게 생각될 수 있는 블랙홀과 우주론을 초등학생의 눈높이에 맞추어 쉽고 흥미롭게 풀어 가고 있지요. 또한 주인공 조지와 애니가 혜성을 타고 태양계를 여행하는 모습은 칼 세이건의 《혜성》의 한 장면과 오버랩 되는 것 같은 착각을 일으키기도 한답니다.

이 책은 또 전 세계가 직면한 '지구 온난화'라는 중대한 문제도 다룹니다. 20년 전 《시간의 역사》를 통해 일반 대중이 시공과 블랙홀에 한층 더 가까이 다가갈 수 있는 계기를 마련해 주었던 스티븐 호킹은 이제 인류가 생존하기 위해 나아가야 할 방향으로서 우주 식민지의 개척이라는 또 하나의 중요한 화두를 던집니다. 지구의 환경 보존을 역설하며 기술 문명을 거부하는 조지의 부모와 지구의 자원이 고갈되거나 재난이 닥칠 경우에 대비해 인류가 이주할 수 있는 새로운 행성을 찾고 있는 과학자 에릭, 그리고 너무나 순진하게 또 너무나 똑똑하게 그 둘을 다 하면 안 되냐고 제안하는 조지. 물론 우주론이니 블랙홀이니 별의 탄생과 죽음이니 어려운 과학 지식을 마치 재미있는 만화를 보듯 쉽게 설명하는 것도 이 책을 쓴 주요한 목적 가운데 하나였을 거예요. 하지만 우리 지구의 환경을 잘 보존하면서 미래를 위해 제 2의 지구 또한 개척해야 한다는 조지의 이런 주장이 바로 호킹 박사가 이 책을 통해 앞으로 인류의 미래를 짊어지게 될 우리 아이들에게 전하고 싶었던 궁극적인 메시지일 것입니다.

  이제 우리는 별이 가득한 밤하늘을 올려다보며 감상에 젖는 데 그치지 않고 저 우주 어딘가에 있을 우리 인류의 제2의 고향을 꿈꿔야 하지 않을까요.

보스턴에서
김혜원

옮긴이 김혜원

연세대 천문기상학과를 졸업하고 동대학원에서 이학석사학위를 받았다. 《우주여행 시간여행》으로 제15회 과학기술도서상 번역상을 수상했으며, 현재 전문 번역가로 활동하고 있다. 옮긴 책으로 〈해리포터〉시리즈를 비롯해 〈애니모프〉시리즈, 〈델토라 왕국〉시리즈, 《우주가 우왕좌왕》,《물리가 물렁물렁》,《아름다운 밤하늘》,《고대 야생 동물 대탐험》,《혜성》,《세균 전쟁》,《알베르트 아인슈타인》,《하버드 대학의 공부벌레들》,《진화하는 진화론》등이 있다.

스티븐 호킹의 우주 과학 동화
조지의 우주를 여는
비밀 열쇠 ❷

초판 1쇄 발행 2008년 4월 14일
개정판 1쇄 발행 2018년 1월 15일
개정판 7쇄 발행 2025년 6월 15일

지은이 루시 & 스티븐 호킹 | **옮긴이** 김혜원

발행인 양원석 | **발행처** (주)알에이치코리아
출판등록 2004년 1월 15일 제2-3726호
주소 서울시 금천구 가산디지털2로 53, 20층(한라시그마밸리)
편집 문의 02-6443-8921 | **도서 문의** 02-6443-8800

ISBN 978-89-255-6261-2 (74840)

홈페이지 rhk.co.kr | **블로그** blog.naver.com/randomhouse1
인스타그램 @junior_rhk | **페이스북** facebook.com/rhk.co.kr

※ 제조자명 (주)알에이치코리아 | 제조국명 대한민국 | 사용연령 8세 이상
※ 종이에 손이 베이거나 모서리에 다치지 않게 주의하세요.
※ 잘못 만들어진 책은 구입하신 곳에서 바꾸어 드립니다.